THE ACCIDENTAL BILLIONAIRES:

The Founding of Facebook:
A Tale of Sex, Money, Genius and Betrayal

Facebook诞生记

天才小子扎克伯格的创造神话

[美] 本 · 麦兹里奇◎著
马小艳◎译
李欣雨◎校译

中信出版集团 | 北京

图书在版编目（CIP）数据

Facebook诞生记：天才小子扎克伯格的创造神话 /（美）本·麦兹里奇著；马小艳译 . -- 北京：中信出版社，2019.6

书名原文：The Accidental Billionaires: The Founding of Facebook: A Tale of Sex, Money, Genius and Betrayal

ISBN 978-7-5217-0456-3

I. ① F… II. ①本… ②马… III. ①网络公司 – 企业管理 – 经验 – 美国 IV. ① F279.712.444

中国版本图书馆 CIP 数据核字（2019）第 078654 号

Facebook诞生记——天才小子扎克伯格的创造神话

著　　者：[美] 本 · 麦兹里奇
译　　者：马小艳
校　　译：李欣雨
出版发行：中信出版集团股份有限公司
（北京市朝阳区惠新东街甲 4 号富盛大厦 2 座　邮编　100029）
承 印 者：北京楠萍印刷有限公司

开　　本：880mm × 1230mm　1/32　　印　　张：11.25　　字　　数：168 千字
版　　次：2019 年 6 月第 1 版　　印　　次：2019 年 6 月第 1 次印刷
京权图字：01–2009–7877　　广告经营许可证：京朝工商广字第 8087 号
书　　号：ISBN 978–7–5217–0456–3
定　　价：59.00 元

献给托尼娅，

这个极客的梦中情人……

目 录

前言

这本书讲述了一个富有戏剧性的故事。故事的素材源自许多采访和大量的文件采集，其中还包括几场法庭诉讼的审判笔录。

对于一些已经发生的事情，人们会持有许多不同的、存在争议的观点。根据直接证人和间接证人提供的信息，人们对同一个场景的描述可能会有所不同。我从文件和采访中发掘信息，对哪个版本最符合文件记录做出了最佳判断，并参照这些信息在书中再现了这些场景。对于其他场景的描述纯粹只是我个人的观点，但我没有加以评论。

为了使故事的时间线更加准确，我对某些场景和细节描述进行了想象或改动，并且替换了那些能够表明人物身份的细节，从而保护他们的隐私。除了故事中的少数公众人物以外，其他人的姓名和个人描述都经过了修改。

本书采用了对话再现的方法，将对话建立在参与者对谈话内容的回忆的基础之上。有些对话内容在书中有详细叙述，由于其时间跨度较长且涉及多个场景，所以我对有些对话及场景进行了再创作和缩减。我没有对这些内容夸大其词，反而有时将对话设定在合适的场景之中。

我在本书的致谢部分答谢了所有的资料提供者，但我在此要特别感谢威尔·麦克马伦把我介绍给爱德华多·萨瓦林，没有他就没有这本书。尽管我多次邀请马克·扎克伯格与我一同谈论此书，但他还是婉言拒绝了我，他完全有权这么做。

第 1 章　神秘俱乐部

可能是第三杯鸡尾酒起了作用。三杯酒接连下肚，爱德华多也不知道自己是什么时候对酒精产生了反应。空塑料杯堆放在他身后的窗台上，像手风琴的形状。但不可否认的是，爱德华多全身都发生了变化。他平日里发黄的脸颊泛起了红晕，他无力地倚靠在窗边，与平时僵硬的、略显驼背的姿态明显不同。最重要的是，爱德华多的脸上露出了轻松的笑容，在晚上离开宿舍之前，他对着镜子练习了两个小时都没能看到这样的笑容。毫无疑问，是酒精发挥了作用。此时爱德华多不再畏惧，至少他不会被离开这里的强烈欲望压得喘不过气来。

爱德华多眼前的房间确实令人生畏：巨大的水晶吊灯悬挂在拱形的教堂式天花板上；厚厚的红丝绒地毯好像是从华丽的红木墙面上流出的鲜红血液；双分楼梯盘旋而上，通向年代久远且神秘复杂的楼上。就连爱德华多头后窗户上面的玻璃都显得岌岌可危，在他身后，愤怒的篝火大面积灼烧着外面那片狭小的院落，火光照亮了玻璃窗，缭绕的火焰也在吞噬着这些陈旧的、布满划痕的玻璃。

这是一个可怕的地方，对爱德华多这样的年轻人来说更是如此。他家境不错，在进入哈佛之前，他童年的大部分时光是在巴西和迈阿密的中上层社区度过的，可是他从未见过这个房间所代表的那种旧式富人生活。即便是在喝酒时，爱德华多仍然能体会到内心深处的不安全感。他觉得自己像一个新生，第一次踏入哈佛校园，思索着自己究竟去那里干什么，思索着自己如何才能融入那样一个地方。

爱德华多调整了一下靠在窗台上的姿势，端详着挤在宽敞屋子里的年轻男子，他们都聚集在为这个活动专门搭建的临时吧台周围。吧台本身的质量实在不敢恭维，它是一张与木板差不多的木桌子，与这样一个严肃的场合格格不入。可是并没有人注意到这些，因为房间里只有女孩子在吧台服务。她们是一群金发碧眼的美女，胸部丰满，穿着黑色低领上衣，是从当地一所女子学院招聘到这边来为这群年轻男子服务的。

这些年轻人在很多方面甚至比这座房子更可怕。爱德华多也不确定房子里具体有多少人，但他觉得大概有 200 人。这群年轻男子穿着相似的深色运动夹克和宽松长裤，大部分人都是大二学生，虽然他们来自不同的种族，但他们的脸上都呈现出一个相同的特征——他们的笑容看上去比爱德华多更自然，那 200 多双眼睛中流露出的神色也更自信。这些年轻人在过去不需要试图证明自己，他们属于这种场合。对他们之中的大多数人而言，这个派对、这个地方只是一种形式。

爱德华多深吸了一口气，在些许苦涩的空气里皱了皱眉。篝火的灰烬从窗户中飘进来，但他依旧一动不动地倚靠在窗台边，他还没准备好。

相反，爱德华多把注意力集中在他周围身穿运动夹克的 4 个中等身材的年轻人身上。爱德华多并没有发现他们之中有人和他是同一个班的。其中两个人头发金黄，好像是刚从康涅狄格开来的火车上下来的预科生。第三个是亚洲人，年龄看起来比其他人大一点，但也很难确定。第四个是非裔美国人，他举止优雅，可以从他的笑容到他完美的发型断定他是大四学生。

爱德华多后背僵硬，他无意间瞥见了那个非裔美国人的领带，领带的材质和颜色正是爱德华多所寻找的。此时，爱德华多不得不挪动身子。

爱德华多直起了肩膀，不再倚靠着窗台。他向康涅狄格来的那两个男孩和那个亚洲男孩点了点头，将注意力停留在了那个年龄大一点的大四学生，以及他那条装饰独特的黑色领带上面。

“你好！我是爱德华多·萨瓦林，”爱德华多激动地握住那个年轻人的手介绍道，“很高兴见到你！”

那个人也把自己的名字告诉了爱德华多，他叫达龙，爱德华多将这个名字牢记于心。其实他的名字不是关键，那条领带已经告诉了爱德华多想知道的一切。这整个晚上的意义完全在于那几只点缀在黑色领带上面的白色小鸟。这条领带表明那个年轻人是凤凰社（Phoenix-S K）的一员，他是今晚活动的主办者之一，主办者约为20 人，其他人则散布在这 200 名大二学生之中。

“萨瓦林，你是对冲基金的人，对吗？”达龙问。

爱德华多满脸通红，但他内心窃喜，因为凤凰社成员知道他的名字。爱德华多并不持有对冲基金，他只是在大二暑假和他的兄弟投资了一笔钱，达龙这样说可能有点夸张，但他并不打算纠正这个错误。如果凤凰社成员在谈论他，并且谈论的内容让他们印象深刻的话，那么爱德华多可能就有机会了。

这是个冲动的想法，但为了使那个大四学生对自己感兴趣，爱德华多开始适度吹嘘自己，同时他的心跳也越来越快。这个时刻将决定他的未来，这比大一大二的任何一场考试都重要。爱德华多知道加入凤凰社意味着什么，这不仅是为了今后两年他在学校的社会地位，还是为了他的未来，不管他选择追求什么样的未来。

就像多年来广受媒体关注的耶鲁大学的秘密社团一样，最后俱乐部（the Final Clubs）是哈佛校园中几乎不为人知的秘密会所，其中的 8 个男性俱乐部分别分散在剑桥年代久远的公寓里，它们培养了一代又一代的世界级领导人、金融巨头和权力掮客。对哈佛的学生来说，成为这 8 大俱乐部中任何一个俱乐部的成员无异于立即拥有了一个社会身份。每个俱乐部都有各自的特点，如高级的坡斯廉俱乐部（Porcellian），它是哈佛校园里最古老的俱乐部，西奥多·罗斯福和戴维·洛克菲勒都曾是该俱乐部的成员；还有面向预科班学生的飞行俱乐部（Fly Club），曾培育出两位总统和许多亿万富翁。每个俱乐部都有自己特定的权力。在这些俱乐部中，凤凰社虽然算不上最有威望的一个，但在很多方面它是社会的“一山之王”。它位于奥本山大街 323 号简朴的大楼内，是大家周五和周六晚上打发时间的首选之地。如果你是凤凰社的一员，你不仅成了这个百年社交网络的一分子，同时可以在周末享受校园内的最佳派对，还能有从邮编为 02138 地区的学校中挑选出来的辣妹陪伴左右。

这群人紧抓着他的话不放，爱德华多不得不谦逊地吐露心声：“对冲基金实际上只是我的一个爱好，我们主要是把精力集中在石油期货上。我一直都十分关注天气，我还准确地预测了几次飓风，这是市场上其他人还没有注意到的。”

爱德华多一直在小心行事，他尽量避免提起自己是如何看透石油市场的。他知道凤凰社的成员想听他讲从石油贸易中赚取 30 万美元的故事，不想听促使他交易成功的气象学爱好。可是爱德华多仍然想炫耀一下，达龙提到“对冲基金”只是证实了爱德华多的猜想，作为一个新生代企业家，他的声誉是让他出现在那个房间的唯一原因。

爱德华多知道自己没有其他优势。他既不是运动员，又没有大笔遗产，也并非光芒万丈的社交宠儿。他有点儿愚钝，只有在喝酒时才能真正放松自己，但他还是在那个房间出现了。大多数人都会在大二秋季时参加“胖奇”（Punch）[①] 派对，不会像爱德华多一样到大三时才参加。爱德华多虽然晚了一年，但还是去了那个聚会。

胖奇派对的整个过程令爱德华多感到吃惊。就在两天前，爱德华多正坐在宿舍的书桌前埋头写着一篇长达 20 页的论文，内容是关于住在亚马孙热带雨林的一些奇怪部落。这时，一封邀请函突然出现在门口。它不是童话故事中的黄金入场券，只是让 200 人参加第一场胖奇派对的通行证。受到邀请的 200 人大多为大二学生，其中只有大约 20 人可以成为凤凰社的新成员。此时，爱德华多的兴奋程度不亚于他收到哈佛录取通知书时的激动心情。自从来到哈佛，爱德华多就一直梦想着能够加入其中一个俱乐部，现在，他终于能如愿以偿了。

现在则完全取决于爱德华多自己，当然，也取决于系着黑色小鸟领带的年轻人。胖奇派对一共有 4 场，每场都像今晚的鸡尾酒派对一样，是一种集体面试。在爱德华多和其他受邀者被送回分散在

---

① 胖奇，一种娱乐性质的聚会，参与者需要在短时间内表达丰富的信息和想法，通常人们参加这个聚会的目的是寻求一些碰撞和刺激，以及认识新朋友的机会。——编者注

校园各处的宿舍后，凤凰社的成员就会在楼上的秘密房间里召开会议，商讨那些受邀者的“命运”。每场派对后，获得下一次邀请的人数将会变少，最后从 200 人缩减到 20 人。

如果爱德华多能够成功晋级，那他的人生都将发生改变。不过，如果说他花了一整个夏天富有创意地“苦心钻研”大气压变化和预测那些变化是如何影响石油分布形式的话，那么爱德华多的创造力并不强。

“真正的技巧在于想办法将 30 万美元变成 300 万美元，”爱德华多咧嘴笑了笑，“那正是对冲基金有趣的地方，你必须真的具有创造力。”

爱德华多兴致勃勃地胡侃海聊，吸引了周围所有人的目光。他已经在大一和大二期间许多场胖奇预备派对上把吹嘘技巧磨炼得十分娴熟了，现在的技巧就是不把这当作演练，而是当作实战。在爱德华多的头脑中，他努力想象着自己是在参加某个不太重要的联谊会，在这里他不必接受别人的评判，也无须为进入重要名单而奋力拼搏。爱德华多记得有一场联谊会进行得很顺利，那是一场加勒比主题派对，地面上摆放了一些人造棕榈树和沙子作为装饰。他尽力使自己回到那个场景中，记起那里简朴的装饰细节，记起那里简单随和的谈话。片刻之后，爱德华多觉得自己更放松了，他沉浸在自己的故事和声音之中。

爱德华多回忆起那场加勒比主题派对，所有的细节在他脑海中一一浮现。他想起了从墙上传来的雷鬼音乐和震耳欲聋的钢鼓声，也想起了那个以朗姆酒为基调的胖奇派对和派对上穿着有花卉图案比基尼的女孩。

爱德华多甚至还记得站在房间角落里的那个卷发男孩。那个男孩离他只有10英尺[①]远，他观察着爱德华多的一举一动，想要鼓起勇气，像爱德华多一样去接近那个年纪大一些的凤凰社成员，以抓住最后一线希望。但那个年轻人站在角落里一动不动，实际上，能明显看出他因为弄巧成拙而感到尴尬，他就像是一个力场，在自己周围形成了一个反向磁场，迫使身边的每个人都远离他。

此刻，一丝怜悯从爱德华多的心底涌起，因为他认出了那个卷发男孩，也因为像他这样的人是不可能进入凤凰社的，也不可能成为最后俱乐部中任何一个俱乐部的成员。只有上帝知道他在预备胖奇派对上做了些什么。哈佛大学也有很多社团组织适合他这样的年轻人，计算机实验室、象棋协会、许多秘密组织和爱好协会都是针对那些有社交障碍的学生而设立的。爱德华多打量了一下那个男孩，一眼就能看出他完全不知道要加入一个像凤凰社这样的俱乐部需要掌握的基本社交知识。

后来，爱德华多忙着追寻自己的梦想，没有更多的时间考虑角落里那个面露尴尬的男孩。

---

① 1英尺=0.304 8米。——编者注

当然，不论当时还是现在，爱德华多都无从得知那个卷发男孩会在未来的某一天成为社交网络的核心。这个挣扎在预备胖奇派对上的卷发男孩会改变爱德华多的人生，他对爱德华多的影响比任何一个最后俱乐部的都要大。

第 2 章 马克·扎克伯格

凌晨1点10分，室内装饰品出现了一些问题。贴在墙上的白蓝相间的绉纸开始下垂，有些垂得很低，那褶皱好像马上就要盖住下面超大的酒桶；装饰海报闪闪发光，张贴在绉纸之间的空白地方，海报也开始失去黏性，掉到地上。米白色的地毯几乎被一摞摞光滑的电脑打印纸完全覆盖。

装饰品掉落也是有原因的。固定海报和绉纸的胶带印记依旧清晰可见，是日夜运作的暖炉散发的热量造成了这番情形。

当然，10月的英格兰是离不开暖炉的。悬挂在天花板上方的标语——“哈佛大学犹太联谊会，欢迎你的到来”也因为室内高温而垂直掉落了一半。超大的窗户镶嵌在教室后面的墙上，结满了冰，写着标语的旗帜也无法掩盖那些冰。这个房间位于哈佛院中一栋旧楼的深处，平时用作哲学教室或历史教室。

总的来说，装饰团队已经竭尽全力去装饰这个房间。他们搬走了一排排破旧的木桌椅，试着用海报和绉纸遮住破烂的墙壁，张贴标语以盖住丑陋的荧光吊灯。

扬声器中传来的乡村蓝调音乐是唯一令人满意的了。两个大型扬声器看上去很昂贵，它们分别被放在讲台的两端，与苹果音乐播放器相连，教授授课时经常站在它们中间。空气中混杂着流行的与过时的乡村摇滚乐，这可能是因为音乐播放列表比较混乱，也可能是委员会成员欠缺考虑造成的。

即便如此，音乐也不算太糟糕，派对负责人带来的扬声器也不错。去年，派对使用的是放置在教室后边角落里的彩色电视机，电视机循环播放着借来的尼亚加拉瀑布风景的光碟。尽管尼亚加拉瀑布与联谊会和哈佛没有什么关系，但瀑布奔腾的流水声似乎与这场派对很搭，而且还是免费的。

扬声器是升级版的，剥落的海报也是升级版的。派对是意料之中的事。

爱德华多站在标语下面，轻薄宽松的裤子套在他细瘦的双腿上，牛津布衬衫一直扣到了喉咙那里。他周围站着 4 个和他装扮相似的孩子，差不多都是大二或大三的学生。这几个人组成了一个小组，共同扮演着派对第三方的角色。在房间另一侧的某个地方，两三个女孩混在人群中。其中有一个女孩竟然穿了裙子，不过由于天气的原因，她把裙子穿在了厚厚的灰色毛线裤外面。

这并非是《动物屋》[1]（*Animal House*）中的一个场景，但哈佛的秘密联谊会与其他大学的酒宴不同。而且，这个联谊会也算不上是秘密联谊会的明珠，它是校园内犹太学生的主要联谊会。其成员的平均分数比其宗教倾向更令这个联谊会臭名昭著。其实，它的名声与其名义上的宗教倾向没有任何关系。真正虔诚的犹太学生都加入了希勒尔会所，他们严格遵守犹太教规，只与犹太人约会。犹太联谊会更适合那些没有宗教信仰的犹太孩子，这些人的姓氏最能体现他们的犹太人特征。对参加犹太联谊会的孩子而言，能交到一个犹太裔女朋友是很不错的，这样可以让父母开心，但是在现实生活中，交到一个亚裔女朋友的可能性会更大。

这就是爱德华多对他周围的兄弟做出的解释。这个话题经常被提及，因为它取决于每个人所持有的人生观。

“并不是说像我这样的男孩一般会被亚裔女孩吸引，”爱德华多在喝潘趣酒[2]的间隙这样说道，“而是亚裔女孩通常会被像我这样的男孩吸引。乐观地讲，如果我想和最热辣的亚裔女孩谈恋爱，那么对我感兴趣的女孩可能会有一舞池那么多。”

其他孩子纷纷点头，表示赞同爱德华多的逻辑。要是在过去，这些孩子肯定会把这个简单的等式分解成更加复杂的运算法则，试

① 《动物屋》，美国的一部电影，影片中有一个校园组织，参与者全是讲英语的有钱的希腊白人，周围很少有人能忍受他们。——编者注

② 潘趣酒，一种果汁饮料，有的会加碳酸水或苏打水，通常调味后在底部混有葡萄酒或蒸馏酒。——编者注

图解释犹太男孩与亚裔女孩之间的联系。但是今晚，他们只想简单点，可能是音乐的缘故，响亮的音乐正透过昂贵的扬声器回响在整个房间里，让人难以进行任何复杂的思考。

爱德华多看了看穿着裙子和毛线裤的女孩，同时扮了个鬼脸，“虽然现在这个舞池有点儿枯燥”。

周围又是一片附和声，但这4个联谊会兄弟并没有想要改变现状。站在爱德华多右边的是一个身高1米7左右，身材矮胖的男孩子，他参加了哈佛象棋队并且精通6国语言，但这些技能并不能帮助他成功约到女孩。他旁边的那个男孩曾为哈佛校刊《哈佛深红报》（*Crimson*）画过一套连环漫画，他空余时间大都在莱弗里特楼食堂上面的学生休息室里玩角色扮演游戏。这名漫画家的室友站在他旁边，身高超过1米8，他没有去打篮球，而是像犹太人预科学校里的高中生一样选择学习击剑。他擅长重剑，这项技能在追求女孩时发挥的作用与它在现代生活中各个方面发挥的作用一样。如果一个18世纪的海盗袭击一个辣妹的宿舍，他会整装待发，但除此之外，这项技能别无他用。

第4个孩子站在爱德华多正对面，他曾在菲利普斯埃克塞特学院（马克·扎克伯格就读的高中）学习过击剑，但不像他左边的高个孩子那样有天分。他和爱德华多一样，都有点儿愚钝，但他的四肢与他那纤细的、有些运动细胞的身躯更协调一些。他穿着大口袋短裤，还光着脚穿着凉鞋。他的鼻子很高，有着一头深棕色的卷发和一双浅蓝色的眼睛。那双眼睛里装着一些有趣的东西，但是没有任何自然情感，也无法被解读。他那张瘦长的脸上没有任何表情。即使他身处一个充满活力的群体中，即使他周围都是熟悉的面孔，他的姿势、他的整体气质都显得十分忸怩。

他的名字叫马克·扎克伯格，是一名大二学生，爱德华多曾多次在联谊会的各种活动中和他碰过面。除此之外，爱德华多记得自己至少在凤凰社的预备胖奇派对上见过他一次，但他依旧对这个孩子一无所知。然而，马克早已名声在外：他是计算机专业的学生，住在柯克兰的宿舍楼，在纽约一个名为多布斯码头的中上阶层城镇长大，他的父母是牙医和精神科医生。据说他在高中时是一个极品黑客，擅长闯入电脑系统，后来偶然在某个地方被美国联邦调查局（FBI）列入黑名单，故事大概就是这样。不论故事是真是假，马克确实是一个电脑天才。他在高中时就已经出名，那时他的编程技术就已相当熟练，他发明了电脑版的冒险游戏，还和一个伙伴发明了一个叫作 Synapse 的软件程序，这是一个 MP3（一种能播放音乐文件的播放器）插件，能够帮助播放器“了解”用户的喜好并据此定制播放列表。马克将 Synapse 发布在网络上供人们免费下载。几乎与此同时，各大公司开始相继给他打电话，希望购买他的发明。有消息称，微软曾出价 100 万 ~ 200 万美元聘请马克来公司工作，但令人吃惊的是马克拒绝了这个请求。

爱德华多不是电脑专家，对黑客也知之甚少，但他们家世代经商，当听到有人拒绝百万薪酬时，他觉得十分有趣，也感到有些吃惊。相对于马克那忸怩的表情，这件事使他成了一个谜一样的人。他是一个谜，显然也是一位天才。继 Synapse 之后，马克在哈佛编写了另一个名为“课程搭配”的程序，哈佛的学生能够通过这个程序得知其他学生选了什么课。爱德华多也用过一两次这个软件，试着查找他偶然在食堂里碰到的辣妹的行踪，但并没有什么用。这个程序很不错，校园里大多数孩子都喜欢这个程序，而不是喜欢这个程序的发明者。

当另外三个联谊会兄弟走到潘趣酒桶那里去倒酒时，爱德华多抓住这个机会仔细打量了这个一头卷发的大二男孩。爱德华多向来以自己能看透别人的个性而自豪。这是他父亲教给他的一项本领，能帮助他在商界抢得先机。对他父亲而言，商业就是一切。爱德华多的父亲教导爱德华多要明白竞争的残酷。爱德华多的祖父是富裕的移民，曾在“二战”的大屠杀中死里逃生，之后来到巴西。作为一个常年游走在商场的商人，爱德华多的父亲明白不论处境如何，成功都是十分重要的。他们一家起初住在巴西，但在爱德华多 13 岁时，他们家不得不匆匆迁往迈阿密——当时，由于他父亲商业上的成功，爱德华多的名字被列入一个绑架名单。

初中时，爱德华多体会到自己在一个陌生世界中的漂泊感，他努力学习英语这门新语言，也试着适应迈阿密这座新城市。他不了解电脑，但是他彻底体会到作为一个尴尬的局外人是什么样的滋味。不论出于什么原因，他就是和别人不一样。

马克 · 扎克伯格从外表看就明显与众不同。或许是因为他太聪明了，因此不太合群，甚至与身边的同龄人也格格不入。这些人与马克是同一类型的孩子，他们本身不是犹太人，但像马克一样，这些孩子有些愚钝，对运算法则不感兴趣，在周五晚上无事可做，只会在贴满绉纸和彩色海报的教室里闲逛，谈论着那些无法触及的女孩。

“真有趣。”马克最终还是打破了宁静。他的声音毫无起伏，爱德华多无法猜测他想表达的情感——如果他的话语中包含情感的话。

“是的，”爱德华多回答道，“至少今年的胖奇派对有朗姆酒。这次的派对办得不错。”

马克咳了几声，把手伸向绉纸，摸了摸离他最近的一根丝带。胶带已经脱落，丝带飘向地板，落在马克穿的阿迪达斯牌的凉鞋上。他看了看爱德华多。

“欢迎来到丛林。”

爱德华多咧嘴笑了笑，尽管他不能从马克单调的话语中判断出他是否在开玩笑。但他觉得这个孩子的蓝色眼睛里蕴含着许多东西。他似乎注意到了他周围的一切，即便他站在这个不起眼的地方。或许他真的是所有人心目中的天才。爱德华多突然想和这个人交朋友，想深入了解他。一个在 17 岁的年纪拒绝百万薪酬的人绝非等闲之辈。

“我觉得派对将会在几分钟后结束，”爱德华多说道。“我要去河边的艾略特楼，能再说一下你住哪个楼吗？”

“柯克兰。”马克回答道。他迅速把头转向讲台另一端的出口。爱德华多看了一眼其他朋友，他们都还在潘趣酒桶旁。他们住在拉德克利夫四方院宿舍楼，所以派对结束后，他们会去往另一个方向。这是了解这个忸怩的电脑天才的绝佳机会。爱德华多点了点头，然后跟着马克穿过人群。

“如果你有兴趣的话，”在穿过讲台时，爱德华多主动提议道，“我那层楼有场派对，我们可以去看一下，虽然那个派对也一般，但肯定不会比这个差。”

马克耸了耸肩膀。他们在哈佛待的时间都不短了，都知道宿舍派对会是什么样子：50 个男孩和几个女孩挤在一间棺材大小的小房间里，房间里还会有人试图打开非法渠道搞来的便宜啤酒。

“好啊，”马克回答道，“明天我需要解决一个对数问题，但我的脑袋在醉的时候比清醒的时候更加灵活。”

几分钟以后，爱德华多和马克挤出了教室，走进通向一楼的水泥楼梯间。他们安静地走下楼，转眼间就来到一面双扇门前，门外是树木林立、寂静无声的哈佛校园。一阵强风猛然穿过爱德华多单薄的衬衣。他把手插进运动裤的口袋里，开始沿着那条通向哈佛校园中心的人行道走，10 分钟就能走到河边的宿舍楼，爱德华多和马克都住在那边。

“见鬼，外面只有零下 12 摄氏度。”爱德华多说。

“应该有 4 摄氏度吧。”马克回答说。

“我是从迈阿密来的，对我来说这就是零下 12 摄氏度。”

“看来我们应该跑跑步。”

马克开始慢跑，爱德华多跟了上去，他喘着粗气追赶着他的新朋友。他们并排跑过通向怀德纳图书馆大门的宏伟的石阶。很多个夜晚，爱德华多都沉浸在图书馆一排排的书架间，他仔细拜读亚当·斯密、约翰·米尔斯、约翰·加尔布雷思等经济学家的作品。图书馆在凌晨 1 点还开着门，在大理石建造的大厅里，温暖的橘色灯光透过玻璃窗，在宏伟的台阶上留下了长长的影子。

“到大四的时候，我要在书架间做爱。我发誓，我一定会这么做。”爱德华多喘着气说道。这时，他们沿着最下面一层台阶走向通往剑桥的铁门。

这是哈佛的一个古老传统，也是学生在毕业前应该做的事情。但实际上，只有少数孩子能完成这个使命。虽然那些装有自动滑道的巨大书架就像迷宫一样——这座大型建筑物的下面还有很多这样的楼层，但总有学生或职员潜伏在那些狭窄的过道上，想找一个隐蔽的地方做这件伟大的事。然而，几乎很难找到一个愿意这样做的女孩。

“注意台阶，”马克说道，“或许你应该先试着找个女孩去你的宿舍。”

爱德华多皱了皱眉，然后又咧嘴笑了起来。他开始喜欢马克这种略带讽刺的幽默感了。

“事情还没那么糟。我最近在参加凤凰社的胖奇派对。”爱德华多回答道。

当他们拐弯走向这座大型图书馆的另一侧时，马克看了爱德华多一眼。

“祝贺你。”

又是那种毫无声调变化的声音。但是爱德华多能从马克眼中闪耀的光芒中看出他对此感到吃惊，并且十分嫉妒。爱德华多在聊起他的胖奇经历时，他早就预料到马克会有这样的反应。事实上，爱德华多希望无意中告诉所有他认识的人，他离成为凤凰社成员的目标越来越近了。他已经参加了三场胖奇派对，现在有一个绝佳的机会取得成功。

“噢，如果我成功加入凤凰社，也许我能在凤凰社的名单上加上你的名字。明年，你也可以以大三学生的身份参加胖奇派对。”爱德华多说。

马克又停顿了一下，他也许是为了歇口气，但他更有可能是在梳理信息。他说话的方式像计算机的工作模式一样：输入，再输出。

“那会很有趣。”马克说。

“如果你还认识其他成员，你的胜算会更大一些。我敢肯定他们当中有很多人用过你的课程搭配程序。”

爱德华多心里明白，虽然他嘴上这样说，但是这个主意非常愚蠢。凤凰社成员不会因为电脑程序就对这个忸怩的孩子感兴趣。编写电脑程序代码并不会受到欢迎，电脑程序也不能让人出名。一个人受到欢迎的途径是参加派对并与漂亮的女孩一起出席。

爱德华多还没有想这么多，但昨晚他收到了第四场胖奇派对的邀请函，这场派对极其重要。一周以后，附近的凯特酒店会有一场宴会，之后凤凰社还有个派对。这将是个盛大的晚会，也许是新会员加入凤凰社之前的最后一场大型胖奇派对。邀请函“暗示”爱德华多需要带一个约会对象共赴晚宴，他听同学说凤凰社成员会通过准会员女伴的质量来衡量他们的水平。谁的女伴越漂亮，谁就越有可能通过最后一轮胖奇派对。

收到邀请函之后，爱德华多在想如何才能在这么短的时间内找到一个能在派对上给人留下深刻印象的女伴，而他的宿舍不可能会有女孩造访。

所以爱德华多不得不自己动手。一天上午 9 点，他在艾略特楼的食堂径直朝一个他认识的热辣女孩走去。这个女孩叫玛莎，体型丰满，是一位金发美女。她比爱德华多高 5 厘米，奇怪的是她喜欢梳 80 年代的发型，但她在东北地区的预科学校中已经算很美了。总之，她是参加胖奇活动的理想人选。

爱德华多吃了一惊，玛莎同意和他一起参加最后俱乐部的晚宴。爱德华多立刻就意识到，这是因为凤凰社的名气，而不是因为爱德华多有魅力。这也印证了爱德华多对最后俱乐部已有的认识。它拥有强大的社交网络，能帮助其成员立即拥有社会地位，这也吸引了最酷、最热辣、最优秀的人。爱德华多并不幻想玛莎会在胖奇活动结束后和他去怀德纳图书馆的书架间干那件“伟大”的事，但至少在酒精的作用下，她可能会让他送她回家。即使她在宿舍门口轻吻他一下把他打发掉，这也是爱德华多这 4 个月来遇到的最高兴的事情了。

当他们来到图书馆后面的角落，从建筑物那古老的石柱所投射的长影子下慢跑出来时，马克又用难以捉摸的目光看了爱德华多一眼。

“一切都能如你的意吗？”马克问。

他是指图书馆还是指他们刚离开的那个派对？是指犹太人联谊会还是指凤凰社？两个木讷的孩子穿梭在哈佛校园里，一个穿着扣得紧紧的牛津布衬衣，一个穿着宽松的短裤，他们冻得要死却还要去参加某个糟糕的宿舍派对。

像爱德华多和马克这样的孩子，他们的大学生活会不会发生更有意思的事情呢？

第 3 章 “新社交”思想的诞生

清晨5点。

查尔斯河上这段4英里[①]长的水域千回百转、蜿蜒曲折，水面平静荒凉，河水呈蓝绿色。水域的一侧是拱形的石桥——约翰·W.威克斯桥，另一侧是多车道的混凝土桥——马萨诸塞大街桥。灰蒙蒙的大雾笼罩着这片寒冷的水面，雾又厚又低，空气湿度也很高，让人难以分清水面与天空的距离。

时间仿佛被冻住了，只听见远处传来了极其轻微的声音：一双刀状的船桨熟练地拍打在寒冷的水面上，船桨在蓝绿色的水中旋转后推，将力学与美感完美复杂地结合起来。

一秒后，一艘双人赛艇从威克斯桥的倒影中划了出来，细长的

① 1英里=1 609.344米。——编者注

船体从蜿蜒的河流中间驶过，就像镶有钻石边的刀片划过玻璃窗一样。小船行驶得十分平稳，仿佛成了河流的一部分，它前行的动作非常轻巧，水面上几乎都没有泛起波纹。

这两个年轻人优雅地划着这艘赛艇，船桨以完美的节奏划过查尔斯湖面，从赛艇平稳经过水流的方式可以明显地看出，这两个年轻人的技术非常娴熟，他们能达到如此完美的程度不仅是因为勤于练习。

从岸边望去，这两名划手看上去更像是机器人：两个人长得一模一样，都有着浅褐色的浓密头发和美国人轮廓分明的面部特征，体形也几近完美。他们的肌肉从灰色的哈佛队服中凸起，他们的体形修长，身体灵活，肯定有 1 米 98 那么高。除了他们所表现出的共同点之外，更令人过目不忘的还要数他们那两双有穿透力的蓝色眼睛和那两张神色坚定的偶像脸庞。

文克莱沃斯兄弟是一对同卵双胞胎——就像一本杂志翻开的两页纸一样。泰勒·文克莱沃斯坐在前头，他惯用右手，在两兄弟中，他的逻辑思维更强，做事更认真严谨。卡梅伦·文克莱沃斯坐在尾部，他惯用左手，在两兄弟中，他更富有创造力和艺术细胞。

然而在此刻，他们的性格完美互补。划行时，他们根本没有说话，没有以口头方式或其他方式交流，只是轻松自如地划着赛艇，顺着查尔斯河而下。他们的注意力超乎常人，因为他们多年来都在跟随多个不同的哈佛教练学习。在此之前，他们还在康涅狄格州的格林尼治学习过，那里也是他们长大的地方。在很多方面，他们的付出都得到了回报。作为大四学生，他们正在为加入奥运会赛艇队而努力训练。在哈佛，他们是最优秀的赛艇运动员。他们获得过美国大三学生赛艇比赛的冠军，还曾带领“深红队”取得了无数次团体比赛的胜利。目前，他们在常春藤联盟的赛艇类项目中排名第一。

这些荣誉并不会影响文克莱沃斯兄弟，他们只想在冰冷的水面上划赛艇。从 4 岁起，他们就在查尔斯河上的这两座桥之间来回划行。在接下来的两个小时，他们还会安静地在水上划着桨，直到筋疲力尽，直到校园重拾生机，直到金丝带般的阳光冲破层层灰色雾霭为止。

三个小时后，文克莱沃斯兄弟来到福兹海默楼食堂后部的一个角落里，在一张磨旧了的长桌前停了下来。泰勒一屁股坐在了紧挨卡梅伦的椅子上，但他仿佛还能听见潺潺的流水声。食堂十分现代化，空间宽敞，光线充足，天花板很高。长方形的食堂内陈列着 12 张长桌，许多桌子边都挤满了学生，因为现在正是早餐时间。

福兹海默楼是最新的哈佛本科生宿舍楼——对这座有着 300 多年历史的校园来说，“新”只是一个相对的概念，同时它也是最大的本科生宿舍楼，楼里住着大约 150 名大二、大三和大四的学生。只有大一新生住在哈佛校园内，在大一即将结束时，学生们会参加一个抽签仪式，以决定他们今后将在哪里度过他们余下的哈佛生涯。但福兹海默楼并不是学生的首选，它位于拉德克利夫四方院的中心，四方院周围是一大片草地，坐落在一个偏僻的地方。四方院是哈佛大学扩建项目的一部分，表面上看这座建筑是为了缓解校园拥挤的状况，但更有可能是为了更好地利用学校积累的巨额资金。

那些在大一期末住进四方院的学生觉得自己要被送到集中营一样。从四方院到哈佛校园大约需要步行 20 分钟，大多数本科生都是在那里上课。对泰勒和卡梅伦来说，要在那里度过今后的大学生活是一件十分麻烦的事情，徒步走到哈佛校园后，还要再走 10 分钟才能来到河边。哈佛船库位于河边，一些有名的宿舍楼也坐落在这里：艾略特楼、柯克兰楼、莱弗里特楼、马瑟楼、洛厄尔楼、亚当斯楼、邓斯特楼和昆西楼。

哈佛校园内还有一些出名的宿舍楼，只有拉德克利夫四方院位于哈佛校园外。

泰勒看了卡梅伦一眼，卡梅伦正趴在装满早餐的红色塑料盘前。盘子里的炒蛋堆成了小山，炒蛋下面有土豆、奶油面包、新鲜水果和许多螃蟹。这些食物足以为一辆越野车提供动力，也能为一个身高 1 米 98 的赛艇明星提供能量。看着卡梅伦正在猛吃鸡蛋，泰勒知道他的兄弟和他一样疲惫。过去几周他们一直都在超负荷运转，他们不仅在河面上刻苦训练，在功课上也十分用心，而这些都开始对他们的身体造成负面影响。他们每天早晨 4 点起床，径直奔向河边锻炼，比如举重、跑步等。大学运动员的生活十分辛苦，有时他们每天所做的事情只有训练、吃饭和睡觉。

泰勒把目光从卡梅伦和炒蛋上面转移到坐在他们对面的孩子身上。迪维亚·纳伦德拉双手正举着《哈佛深红报》，他的头几乎完全被报纸遮住了。报纸下面放着一碗没有动过的燕麦粥，泰勒敢肯定，如果迪维亚不尽快放下报纸，那碗燕麦粥很可能会被卡梅伦吃掉。

迪维亚和他们不一样，他不是运动员，但他深知运动员的热情和职业道德。迪维亚是泰勒见过的最聪明的孩子，他们三个最近专注于一个有些神秘的项目。这个项目类似于一种副业，非常有意义，他们的生活也因此变得更加忙碌。

泰勒清了清嗓子，等着迪维亚放下报纸，然后开始讨论。迪维亚竖起一根手指，示意他们再等一分钟。泰勒转了转眼珠，有些失望，这时他的注意力转移到了迪维亚身后的桌子上。一群女孩正在不停地回头看泰勒和卡梅伦，当泰勒直视她们时，她们的目光又迅速移开了。

这种事时时刻刻都在发生，泰勒已经习惯了。就因为他和卡梅伦是同卵双胞胎。泰勒知道这种现象不常见，大家也会觉得有些奇怪。在哈佛这个地方，还不光如此。他们可能成为奥林匹克运动员，这只是一部分原因。泰勒和卡梅伦是最佳运动员，在校园里颇具地位，除此之外还有其他原因。

当然，泰勒轻松把握住了自己人生的转折点。他和卡梅伦在大三时加入坡斯廉俱乐部，但大三学生参加坡斯廉俱乐部的胖奇派对并不常见。坡斯廉俱乐部不但是校园里最具声望、最神秘、最古老的最后俱乐部，而且其成员人数和胖奇派对的举办次数都是最少的。因此，一名学生能在晚一年接到坡斯廉俱乐部胖奇派对的邀请是更为罕见的事情。

泰勒坚信俱乐部之所以晚一年让他们加入是因为他们的家世背景。大多数坡斯廉俱乐部成员的名字都与哈佛的百年历史有关。泰勒和卡梅伦的父亲十分富有，他白手起家，从一个小团队做起，最终建立了一家极为成功的咨询公司。泰勒和卡梅伦并非来自世代富有的家庭，但也来自富有的家庭。对飞行俱乐部和凤凰社来说，这种资历已经足够了。但对坡斯廉俱乐部来讲，这远远不够。

毕竟坡斯廉俱乐部与凤凰社不同，它不是一个社交机构，俱乐部是不允许女士进入的。只有俱乐部成员结婚时，他们才可以带着自己的妻子参观俱乐部大楼，还有就是，在成员加入俱乐部 25 周年时，他们能再次带妻子进入俱乐部，仅此而已。只有那个著名的“自行车空间”（一个娱乐场所，靠近俱乐部本部）是对非会员和女性都开放的。

坡斯廉俱乐部不像校园里其他俱乐部那样主要搞些派对或约会之类的活动，它与未来相连，也与地位相关。这种地位能让你在食堂、教室甚至整个哈佛校园里备受瞩目。坡斯廉俱乐部不是一个社交俱乐部，它注重的是谈论生意。

泰勒看中的就是这一点。那天早晨他们兄弟二人与迪维亚在食堂碰面就是为了谈论生意，这比他们平时吃早饭的时间晚了一个小时。这单生意很重要。

泰勒的注意力从邻桌羞涩的女孩身上转移开，从卡梅伦的盘子里抓了一个吃了一半的苹果。在卡梅伦抗议之前，他就把苹果高高抛起，苹果最后落在了迪维亚盛有燕麦粥的碗里。燕麦粥溅了出来，一团团白色黏稠物浸湿了报纸。

迪维亚怔了一下，然后小心翼翼地叠起弄脏的报纸，把它放在一旁。

“你为什么读那张破报纸？”泰勒问。他咧嘴朝他的朋友笑了一下，“这完全是在浪费时间”。

“我想知道同学们都在做什么，”迪维亚回答道，“我觉得有必要对同学们的动态有个大致的了解。如果有一天我们要成立一家这类的公司，这张‘破报纸’就对我们非常重要，难道你不这么觉得吗？”

泰勒耸了耸肩，但他知道迪维亚说得没错。迪维亚通常都是正确的，这也是泰勒和卡梅伦一开始与他合作的主要原因。自 2002 年 12 月以来，他们都像这样一周一聚，有时会聚得更勤一些，这种小聚差不多已经持续整整两年了。

“只要我们能找到一个人来代替维克托，我们就可以成立任何公司。”卡梅伦插嘴说道，他满嘴都是鸡蛋。

“他真的退出了吗？”泰勒问道。

“是的，”迪维亚回答道，“他说他有很多事要处理，没有时间做这件事了。我们需要找一名新程序员，但要找到一个像维克托那么好的程序员确实挺难的。”

泰勒叹了口气。整整两年了，现在的情况看起来并没有比他们刚开始时好多少。维克托是一个了不起的家伙，他是一个电脑奇才，知道他们要做什么，但他没能完成这个项目，现在他又离开了。

要是泰勒、卡梅伦或迪维亚具备可以使公司起步和运营必备的电脑技能就好了。天啊，泰勒坚信公司将会取得巨大的成功。这是一个惊人的想法，最先由迪维亚提出，在泰勒和卡梅伦的帮助下得到发展，后来他们都谦虚地认为这是天才的创造。

这个项目叫作哈佛联谊会（Harvard Connection），它是一个将改变校园生活的网站。现在他们只需找到一个人来为他们编写电脑程序代码，这个网站就能运转。创建这个网站的目的十分简单：把哈佛的社交生活放在网络上，建立一个交友网站，可以让泰勒和卡梅伦这样的男孩——那些把所有的时间都花在训练、吃饭和睡觉上面的男孩有机会邂逅女孩，他们不必再偷看邻桌的女孩，也不用浪费时间在校园里低效率地闲逛。

作为哈佛的精英分子，泰勒和卡梅伦能以独特的视角发现哈佛社交场所存在的缺陷。像他们这样优秀的男孩没有机会遇到很多优秀的女孩，因为他们忙得不可开交，忙着做那些能使他们成为校园热门人物的事情。而哈佛联谊会能解决这个问题，为男孩和女孩创造一个开放式的环境。

哈佛联谊会将满足固定的社交场所产生的需求。目前来看，如果你整天都在划赛艇、打棒球或者踢足球，那么你只会在河边、棒球场或足球场遇见女孩。如果你住在拉德克利夫四方院，那么你只能遇到住在那里的女孩。当然，你可以把“绣球”抛给身边任何一个人，你可以利用哈佛男生的身份俘获你身边的女生，这个网站能大幅度扩大你的交友范围。

哈佛联谊会能简单、完美地满足这一需求。网站分为约会和联谊两个板块。泰勒和卡梅伦预测网站一旦在哈佛取得成功，它将会覆盖其他大学，也许会覆盖整个常春藤大学联盟。毕竟每个学校都有各自的需求。

他们的商业计划唯一的缺陷就是，如果没有一个真正的电脑天才的协助，网站就无法运转。虽然泰勒和卡梅伦在高中时曾自学过 HTML（超文本标记语言），但他们的水平还不足以组建一个这样的网站。事实上，他们需要一个电脑天才帮助他们，让社交网站运转起来。哈佛联谊会将为哈佛学生的社交生活增添色彩。你可以在沐浴、剃须或者打几通电话之后留意一下哈佛联谊会网站，看一看谁在关注你。

“维克托说他可以给我们介绍几个人，”迪维亚边说边抖动着报纸，试图把报纸弄干，“他的计算机课上有几个人还不错，我们可以开始面试他们，还可以把我们想要找人的消息散播出去。”

“我可以在坡斯廉俱乐部里问一问，”卡梅伦说道，“我觉得虽然俱乐部里的人不精通电脑，但说不定他们有认识的人擅长这个。”

泰勒觉得这个主意不错，下一步他们打算在科学中心和计算机实验室附近张贴招聘广告。他看着迪维亚在读报纸，觉得非常沮丧，但又不得不露出微笑。迪维亚来自皇后区贝塞德，是一个举止优雅的男孩，他的父母是印度裔医生，他跟随哥哥来哈佛读书。他总是穿着得体，头发整齐，谈吐优雅。没有人猜得到他对电吉他还很在行，具体来说，他是一位重金属乐器大师。在公共场合，他也力求整洁，他甚至喜欢让报纸保持干净。

泰勒看着迪维亚和他的报纸，目光不由自主地转移到迪维亚身后那桌女孩身上。那群女孩中最高的那个人有着迷人的棕色眼睛，肤色偏黑，她穿着一件低胸圆领背心，外面套着一件故意撕破的哈佛运动服。那个女孩正笑意盈盈地看着他，故意露出一抹茶色香肩。泰勒也情不自禁地朝她微笑。

迪维亚咳嗽了一声，打断了泰勒的思绪。

“我觉得她会对 HTML 感兴趣。”迪维亚说。

“问一问又没关系。”泰勒在向那个女孩使眼色时说道。他们的小聚十分短暂，因为他们在找到另一个程序员之前什么也做不了。

泰勒站起身来，向那群女孩走去，然后停下来朝他的印度朋友和他那张沾上燕麦的报纸咧嘴笑了笑。

“有件事情我敢肯定，你会在《哈佛深红报》中为我们找到一位电脑程序员。”泰勒说道。

第 4 章　一只吃炸鸡的鸡

爱德华多轻轻推开巨大的双扇门，从教室的后门溜了进去。讲座正在积极地进行着。这个房间就像电影院一样，房间的尽头有一个凸出来的讲台，被聚光灯从后面照亮。一个穿着运动上衣的矮胖男人在硕大的橡木讲台上跳来跳去。这个人精力充沛，他那小巧圆润的双颊散发着热情的红润光泽。他的手臂上下挥动，每过几分钟，他的手就会拍打在讲台上，挂在教室天花板上的扬声器中传来砰砰的声音。他把手举过肩膀，夸张地比画着。在他身后 10 英尺高的黑板上挂着一幅彩色地图，像是约翰·罗纳德·瑞尔托尔金（《魔戒》的作者）书中的某件东西和富兰克林·德拉诺·罗斯福战情室中可能悬挂的东西的结合体。

爱德华多不知道这是哪门课，也不知道这个讲座在讲什么。他不认识这位教授，但这也不奇怪，因为哈佛有那么多教授、讲师和高级导师，谁也不可能把每个人都记得清清楚楚。但爱德华多从教室的规模可以看出这是一门基础课——这个有 300 个座位的阶梯教室快被坐满了，只有基础课才会有这么大的规模。因为基础课是必修课，所以即便爱德华多和马克这样的学生觉得这是哈佛校园生活中不合理的事情，也无法避免。

哈佛的基础课不仅是必修课，也被学校认为是人生哲学课。学校要求每个学生至少要花费 1/4 的课时学习那些能帮助他们“全面发展”的课程。基础课包括外国文化、历史研究、文学、道德伦理、量化推理、科学和社会分析。这种想法看似不错，但实际上，基础课并不符合崇高的课程目标。因为在学生心中，基础课只是迎合了普通学生的最低水平，没有人是因为真正对基础课感兴趣而选择这门课的。学生不去学习历史和艺术方面高深的学术课程，反而去学习民俗学和神话学之类的课程——那些在大型讲座睡觉的孩子亲切地称其为“极客的希腊语”，他们将物理课称为“诗人的物理学”。此外还有 6 门奇怪的人类学课程，这些课程与现实生活几乎没有什么联系。由于这是基础课，所以几乎每个哈佛学生都曾选择过至少一门与雅诺马马人有关的课程。雅诺马马人是亚马孙雨林中的“野蛮人”，组成了一个仍处于石器时代的奇怪部落。

一名哈佛毕业生不需要知道太多与政治或数学有关的知识，但一提到雅诺马马人，任何一名哈佛毕业生都能告诉你他们有多野蛮。他们经常手持大长棍相互打斗，搞一些奇怪的穿孔礼仪，甚至比那些在哈佛广场中央的滑板坑里玩耍的孩子还要混乱。

从大教室的后面望去，爱德华多看见教授在讲台上跳来跳去，他还能从教室上方的回音系统中听懂一两个奇怪的单词或词组。从听到的内容来判断，这门基础课应该与历史或哲学有关。爱德华多仔细看了看教授身后的地图，他感觉这张地图显示了 300 年前的欧洲版图，但并不是很清楚。爱德华多怀疑这门课与雅诺马马人有关，但在哈佛，这也无法肯定。

爱德华多在这个特殊的早晨来这，并不是想要得到“全面发展”。他肩负着一项性质特殊的使命。

爱德华多扫视了一下教室，他用一只手遮住眼睛，使其免受讲台上巨大的聚光灯的照射。他的另一只手也没闲着，抱着一个大板条箱，箱子上面盖了一条蓝色的大毛巾。板条箱有点儿重，爱德华多在一排排学生中寻找目标时非常小心，以免撞到这个该死的东西。

爱德华多几分钟后才找到马克，马克一个人坐在教室倒数第三排的位置上。他穿着凉鞋，把脚放在前面的空座上，膝盖上放着一个摊开的笔记本。他看上去不像是在记笔记，实际上，他看起来根本就不清醒。他双目紧闭，头几乎完全被他平时常穿的那件羊毛运动衫的帽子遮住了，双手也深深地塞进了牛仔裤的口袋里。

爱德华多咧嘴笑了笑，他和马克在短短几周内已经成了亲密的朋友。虽然他们住在不同的宿舍楼，读着不同的专业，但爱德华多觉得他们有着相同的精神境界。他开始注意到自己有一种奇怪的感觉——他们注定要成为朋友。在这么短的时间里，他真正喜欢上了马克，开始把他当成自己的亲兄弟，而不仅仅是犹太联谊会的一名成员。他敢肯定，马克对他也有同样的感觉。

爱德华多一边笑着，一边悄悄地沿着过道向下走，走到马克那一排。有一个大三学生正在呼呼大睡，爱德华多隐隐记得他在某个经济学研讨会上见过这个家伙。爱德华多跨过他伸出的那两条长腿，然后从两个忙着听藏在包里的 MP3 的大二女孩身边挤过，最后一屁股坐在马克旁边的空座上，小心翼翼地把盖住的板条箱放到膝前的地板上。

“哦，见鬼。”马克说。

“是啊。”爱德华多回答道。

“那不是……”

“是的，没错。”

马克轻声吹着口哨，然后身子前倾，掀开箱子的一角。

板条箱里面的一只活鸡立马“咯咯咯”地大叫起来。鸡毛从板条箱中飞出来，飘向空中，然后落到爱德华多、马克和他们周围的同学身上。前后几排的同学都目瞪口呆地看着他们，露出一副惊愕嘲笑的神情。

爱德华多的双颊变得通红，他一把抓住毛巾，用力拉扯着，盖住了板条箱。那只鸡渐渐安静下来。爱德华多看了一眼讲台，教授仍然在喋喋不休地讲着英格兰人、北欧海盗以及该时期的其他人物。由于扬声器的巨大声响盖住了其他的声音，教授没有注意到刚才的骚动——谢天谢地。

“很好”，马克评论道，并对着板条箱咧嘴笑了笑。“我真的喜欢你的新朋友。它比你更健谈。”

“一点儿也不好！”爱德华多生气地低声说道，不理睬马克的讽刺。“这只鸡太讨厌了，它给我找了一大堆麻烦。”

马克还在咧嘴笑着。老实说，如果从教室外面看的话，这个场面真的相当滑稽。这只鸡是爱德华多加入凤凰社的条件之一，他收到的指令是，无论是在白天还是在黑夜，无论是在教室还是在食堂或是宿舍，都要随时随地携带那只鸡。他还必须要和这只该死的鸡睡在一起。这 5 天来，爱德华多都努力地让那只鸡活着。

在最开始的几天，一切都进展顺利。这只鸡看起来很开心，老师们也都蒙在鼓里。爱德华多以感冒为借口逃掉了许多小型研讨会。在宿舍和食堂没有什么问题，因为校园里大多数学生都对最后俱乐部的入会条件有所了解，没有人难为他。他在平日里偶然遇到的几名权威人士也对此事睁一只眼闭一只眼。加入最后俱乐部是一件大事，这是众所周知的。

然而，在入会申请的最后两天，事情变得复杂起来。

事情是在 48 小时前开始走下坡路的，当时，爱德华多在逃了一天的课后，准备把那只鸡带回他的宿舍，结果发现隔壁宿舍住着两个坡斯廉俱乐部的孩子。爱德华多曾见过他们几次，但因为他们属于不同的圈子，所以并不真正了解对方。当这两个孩子看见爱德华多带着鸡时，爱德华多并没有多想，也没有打算隐藏那件事——他决定给这只鸡喂点悄悄从食堂带回来的炸鸡。

直到 24 小时后《哈佛深红报》突然爆出猛料，爱德华多才意识到发生了什么事。那天晚上，那两个坡斯廉俱乐部的孩子目睹了爱德华多给鸡喂鸡肉，之后他们给一个名叫家禽福利联盟（The United Poultry Concern）的动物权益组织写了一封匿名的电子邮件。电子邮件的落款是一个自称“珍妮弗”的人，邮件的地址是friendoftheProc@hotmail.com。邮件中指责凤凰社命令其新成员折磨和杀害活鸡，并以此作为入会条件之一。家禽福利联盟立即联系了哈佛管理层，甚至找到了劳伦斯·萨默斯校长本人。广告委员会也在调查此事，凤凰社将对其受到的虐待动物罪的指控进行辩护，包括强迫毫无防备的家禽食用同类。

总之，爱德华多必须承认坡斯廉俱乐部的两个孩子搞了一出相当好的恶作剧。但对凤凰社来说，这是一场巨大的灾难。万幸的是，凤凰社的社长没有追究爱德华多的责任。即使他们追究责任，爱德华多也希望他们能把这件事当成一个玩笑。

当然，凤凰社并没有命令爱德华多折磨和杀害他的鸡。恰恰相反，他接到的指示是要让他的鸡保持健康与活力。也许他不应该给鸡喂鸡肉，但他又怎么知道鸡应该吃些什么呢？又没有指南可供参考。在迈阿密时，爱德华多在一所犹太人预科学校上学，犹太人只知道鸡可以熬制美味的鸡汤，除此之外，他们对鸡一无所知。

这个灾难性事件对爱德华多产生了很大影响，他马上就要完成入会任务了。本来爱德华多在几天后就能成为凤凰社的一名优秀成员。如果这件事最终没有把他踢出局，那么他很快就能每个周末都在俱乐部里闲逛了。同时，他的社交生活也将发生巨大的变化。

爱德华多倚着马克，同时把手放在盖住的板条箱上，试图让这只暴躁的鸡再安静地待几分钟。

“我要在这种事情再次爆发前离开这里，”爱德华多低声说道，“我只想确定一下今天晚上我们是否要继续进行我们的事情。”

看到马克扬起眉毛，爱德华多点头笑了笑。昨晚，爱德华多在凤凰社的一场鸡尾酒会上遇到了一个女孩。她叫安吉，聪明可爱，身材苗条，是一名亚裔女孩。安吉有一个朋友，爱德华多劝她把朋友也带过来，现在他们 4 个人将在格拉夫顿街碰面。要是在一个月前，这样的事爱德华多想都不敢想。

“再说一下她的名字好吗？”马克问道，“我是说，安吉的那个朋友。”

“莫尼卡。”

“她是辣妹吗？”

实际上爱德华多也不知道莫尼卡是不是个辣妹。他从没见过那个女孩，但他在心里认为他和马克都没有资格那么挑剔。到现在为止，都没有女孩会主动找上门来。爱德华多马上就要加入凤凰社了，他很快就会接触到很多女孩，他下决心要把他的朋友一起带上。虽然爱德华多还没有能力把马克弄进凤凰社，但他至少能为马克介绍一两个女孩。

马克耸了耸肩。爱德华多轻轻拿起板条箱，然后站了起来。他顺着那排座位走到走廊，快速回头瞥了一眼马克的穿着——阿迪达斯的夹趾拖鞋、牛仔裤和羊毛连帽运动衫。爱德华多整理了一下领带，拍掉他那深蓝色运动衣领子上的鸡毛。领带和运动服几乎成了爱德华多的标配，在他参加投资协会会议的那几天，他甚至穿了一身套装。

“今晚 8 点见，”爱德华多离开那排座位时，回头跟马克说道，“还有，马克……”

“嗯？”

“尽量穿得好看点儿，改变一下形象。”

第 5 章　天才的报复

每笔巨额财富背后都隐藏着罪恶。

——奥诺雷·德·巴尔扎克

如果巴尔扎克能死而复生，亲眼看到马克·扎克伯格在2003年10月的最后一周的某个具有纪念意义的晚上气冲冲地走进他在柯克兰楼的宿舍时，他可能会修改这句名言。因为那一历史性的时刻促成了现代历史上巨额财富的出现，与其说这笔财富是出于罪恶，不如说是出于一场校园恶作剧。

倘若刚刚复活的巴尔扎克来到那间简朴幽闭的宿舍，他可能会看到马克径直走向电脑。毫无疑问，马克生气了，他还带了许多瓶啤酒，他可能还穿着平日里那双阿迪达斯夹趾拖鞋和那件连帽运动衫。大家都知道他只喜欢穿夹趾拖鞋，有一天他下定了决心，打算只穿这种款式的鞋子。

马克喝了一大口啤酒，想让苦涩的味道留在嘴巴里，他的手指在电脑的键盘上轻轻敲打着，电脑被激活了。

马克从中学时期就喜欢把想要说的话通过打字的方式呈现出来，这可以让他的思维更加清晰。以局外人的角度来看，马克与他的电脑之间的关系比他与世界上任何人的关系都要融洽。当他从电脑屏幕中看到自己时，他欣喜无比。也许，这与控制欲有关。和电脑在一起时，马克觉得一切都在他的掌控之中。或许还不仅如此，经过多年的操作练习，马克与电脑之间形成了一种共生关系。通过马克敲打键盘的方式可以看出，这似乎是他的唯一归属地。

那天晚上 8 点多的时候，马克凝视着发光的电脑屏幕，手指敲击着键盘，打开了一个新的博客页面，好像最近几天他一直都在心里酝酿这件事。可能是那天晚上产生的挫败感促使马克最终决定把这个想法变为现实。他首先写下一个标题：

哈佛 Facemash（程序名称）/ 程序

也许马克凝视了这个词几分钟，在想是不是真的要把这件事进行到底。他可能又喝了一口啤酒，蜷起身子敲击着键盘：

晚上 8 点 13 分：**** 就是个坏女人。我需要做点什么来忘掉她，也需要想点什么来占据自己的内心。简单来讲，我现在就是需要一个主意。

也许在马克的内心深处，他知道把一切都归咎于一个拒绝他的女孩是不公平的。与那些他在中学和大学遇到的女孩对待他的方式相比，她的行为又有什么不同呢？在与女孩交往这方面，即使像爱德华多这样愚钝的人，他的运气都比马克好。现在爱德华多马上又要加入凤凰社，马克今晚就要做点什么来改变他的处境。他需要做点什么来赢回控制感，向所有人展示他的能力。

也许他又喝了一杯酒，然后把注意力转移到笔记本电脑旁边的台式电脑上。他敲了几个键，把电脑屏幕激活。马克迅速打开网络连接，连上了校园网。在敲击了几个键之后，他准备好了。

马克回到笔记本电脑前，继续写博客：

> 晚上 9 点 48 分：说真的，我有点儿喝醉了。如果现在不是周二晚上 10 点又会怎样呢？我在电脑上打开了柯克兰楼的 facebook（哈佛大学学生的照片数据库），有些人的照片看起来相当可怕。

马克一边扫视着电脑屏幕上的一张张照片，一边咧嘴大笑。他肯定认识其中一些男孩，甚至还认识几个女孩，但大多数人他都不认识，即使他曾在食堂或在上课的路上遇到过他们。同样，他们也不认识马克。

> 我甚至想把一些人的照片放在农场动物的照片旁边，让人们投票选出谁更吸引人。

在此过程中，马克开始与他的朋友交流想法，他们已经吃完晚饭，离开教室，散了酒局回到家中。他们大多通过电子邮件进行交流，除了爱德华多以外，马克的朋友都和他一样对电脑痴迷。马克又回到博客：

> 这算不上是一个好主意，也不怎么有趣，但比利想出来一个主意，比较 facebook 上的两个人，然后时不时放一张农场动物的照片与其对比。不如给奥尔森打个电话，我觉得他在这方面很有经验。

没错，对马克这样的孩子来说，这确实是个不错的主意。柯克兰宿舍楼的 facebook，甚至整个学校的 facebook 都是学生照片的数据库，是静止不动的，学校按字母顺序对其进行编排。

马克这几天的想象将要变为现实，他想要建立一个网站。在马克看来，这件酷酷的事情像是他要做的数学题，他需要解决这项任务的计算机科学问题和网站核心编程问题。他不仅要编写程序，还要建立正确的运算法则。这件事有点儿复杂，就算校园里无知的人不理解，马克的朋友也会明白。

晚上 11 点 09 分：我不清楚拿农场动物的照片与学校的学生做对比到底合不合适，但我喜欢把两个人放在一起比较这个主意。这给整个事件蒙上了一层图灵[①]色彩。人们经常会在 hotornot.com 这样的网站通过选择数字的方式评价每个人的受欢迎程度，因为如果人们直接对图片做出评价，评价会更含蓄一些。我们还需要大量的图片。很遗憾，哈佛没有集中管理的公共 facebook，因此我必须从大家居住的各个宿舍楼获取全部照片。这也意味着弄不到大一新生的照片……真糟糕。

也许在此刻，他知道自己将要越界，其实他也不喜欢待在那条界限以内。那是爱德华多的风格，他穿着一件夹克衫，打着领带，加入最后俱乐部，与沙盒[②]中的人一起娱乐。从马克过去的经历能明显看出他不喜欢沙盒，他是那种想要把所有沙子都倒掉的类型。

凌晨 0 点 58 分：开始黑客行动。第一个目标是柯克兰楼。柯克兰楼全部开放，并且允许 Apache（网页服务器）配置对其进行索引。因此，只要使用 wget（自动下载网络文件的工具）就能下载整个柯克兰楼的 facebook。这只是个小把戏。

---

① 图灵（Turing），一种不受存储容量限制的假想计算机。——编者注

② 沙盒，一个计算机术语，是一种安全机制，为运行中的程序提供隔离环境。——编者注

对马克来说，这的确很简单。他只需几分钟的时间，就能把柯克兰楼的 facebook 上面的所有照片从学校的服务器上下载到他的笔记本电脑里。当然，从某种意义上来说，这是窃取，因为他没有使用这些照片的合法权利，学校也没有把这些照片公布供人们下载。不过，如果信息是可获取的，马克难道没有权利获取它吗？什么样的邪恶机构可以阻止他接近这些他能轻易接近的东西呢？

凌晨 1 点 03 分：下一个目标是艾略特楼。艾略特楼也是开放的，但没法用 Apache 进行索引。我可以进行空白搜索，然后数据库中的所有图片就会出现在一个页面上。我把页面保存下来，浏览器也会为我存下所有照片。太棒了，继续进行……

现在，马克完全沉浸在黑客的喜悦之中。闯入哈佛的计算机系统对他来说真的是小菜一碟。他比哈佛雇用的任何一名系统设计者都要聪明，他比管理层要聪明，当然，他比哈佛使用的安全系统要聪明。其实，他是要给系统设计者一个教训，让他们知道系统还存在漏洞。他在做一件好事，虽然别人可能不这么认为。但马克在博客中记录下了他的所作所为。当他建立网站时，他就会把他的博客放在网站上供大家浏览。这或许有点儿疯狂，但不过是锦上添花。

凌晨 1 点 06 分：洛厄尔楼有一些安全措施，用户需要有用户名和密码组合才能进入 facebook。我本打算继续，但我无权使用一级主要用户数据库，所以无法得知人们的密码。宿舍楼未必会要学生输入密码，但是一定会要求输入其他东西。也许洛厄尔楼只有一个用户名和密码组合并且只有住在洛厄尔楼的人知道它们。这不太好操作，因为网站管理员不可能既告诉洛厄尔楼的用户如何弄清自己的用户名和密码，又不把这些信息完全泄露出去，他只希望人们进行必要的验证。什么信息既是学生能用于验证的又是宿舍楼网站管理员有权使用的呢？学生证号码吗？现在只要弄到一个洛厄尔楼学生的姓名和学生证号码组合，就能进入了。此外还有很多问题，照片分布在许多不同页面上，我懒得一页页地浏览和保存。写一个 Perl（一种功能丰富的计算机程序语言）脚本来做这件事情看似不错。确实是这样的。

从根本上看，这属于黑客行为，就像一个密码破译员在某个山洞里破解纳粹密码一样。现在，马克的电脑里装满照片，他很快就会得到宿舍照片数据库一半的资料。除了大一新生以外，校园里所有女孩都在他的控制之内。在他的笔记本电脑里，那些小小的字节代表所有的女孩，她们有的长得很漂亮，有的不怎么起眼，有的是金发，有的是黑发，还有的是棕发，有的胸部丰满，有的个子很高。

凌晨1点31分：亚当斯楼没有网络安全措施，但每页只显示20条信息。我需要用破解洛厄尔楼的那个脚本来解决这个问题。

马克将每个宿舍楼按字母顺序排列，很快就把所有资料都收入囊中。

凌晨1点42分：昆西楼没有在线的facebook，真糟糕。我什么也做不了。凌晨1点43分：邓斯特楼比较麻烦，它不仅没有公共名簿，连目录都没有。所以必须要进行搜索，如果搜索结果超过20条，就等于一无所获。即便有了搜索结果，结果也不直接与照片匹配，而是与php（超文本预处理器）重新连接。真奇怪，这可能有点难，我一会儿再试试。

对于那些不能直接进入的宿舍楼，马克可能稍后会想办法处理。没有他不能解决的问题。哈佛是世界一流大学，但它不是马克·扎克伯格的对手，也不是他这台电脑的对手。

凌晨1点52分：莱弗里特楼要好一些，它也需要进行搜

> 索，空白搜索就能连上带有学生照片的网页。但每次只能浏览一张照片，这有点讨厌，我不可能打开 500 多个页面一个个下载照片，所以有必要闯入 emacs（集成开发环境和文本编辑器）改一下 perl 脚本。这次我要看一看目录并弄清楚要连接 regexes（正则表达式）需要访问哪些网页，然后找到所有连接页面并把照片截图。编写这个脚本需要多试几次……可以再喝一杯啤酒了。

马克可能已经完全清醒了，他沉迷于这个过程。他不知道现在几点了，也不在乎现在多晚了。对马克这样的男孩来说，时间是成功的另外一件武器，就像字母顺序一样。那些伟大的工程师和优秀的黑客，他们的作息时间和别人都不一样。

> 凌晨 2 点 08 分：马瑟楼基本上和莱弗里特楼一样，但它的目录是按班级归类的。马瑟楼的 facebook 中也不包括大一新生……真是弱爆了。

这个晚上，马克一直在继续他的任务。凌晨 4 点，他似乎完成了任务——他已经从宿舍楼的数据库中下载了成千上万张照片。可能由于马克住在柯克兰楼，无法从网上进入几个宿舍楼，也许只有通过宿舍楼内的 IP（网络之间互联的协议）地址才能进入那些网站。

大概只有马克知道应该怎么做——只要出去跑跑腿就可以了。几天之内，他就能搞到所有他需要的信息。

一旦他收集到所有数据，他就可以编写程序运算法则了，这种复杂的程序能够使网站运转。然后就是程序本身的问题。再过一两天这些问题就能被解决。

马克打算将这个网站命名为 Facemash.com。那将会非常完美：

> 也许哈佛会由于法律原因去限制这个网站，认识不到它的商业价值，它可能会覆盖其他学校（甚至连那些长得漂亮的人都会使用它）。但有一件事可以肯定，那就是，我这个怪人建立了这个网站。哎，最终总要有人来做这件事的……

他把剩下的啤酒全部喝完，咧嘴笑了笑。然后为自己的杰作写下了一段介绍语，在网站正式上线后所有访问者都将看到这句话：

> 你会因为相貌问题而不能进入网站吗？不会的。你会因为相貌而受到他人的评判吗？会的。

没错，这个网站一定会很棒。

第 6 章　黑客信条

在剑桥那个寒冷的秋夜，如果你问这名真正的电脑黑客接下来要做什么，那么答案似乎十分明确。马克创建的博客记录了他建立Facemash时的思维过程，由此人们也能推测后来发生了什么。也许还有其他解释，我们也知道有些宿舍楼马克没能闯入。他可能通过其他方法得到了他需要的信息，当然，我们也不能对每个细节都了如指掌，但我们能想象事情的经过。

半夜时分在哈佛宿舍楼，有一个精通计算机安全设置，也知道如何破解它的孩子，他不属于精彩的、荷尔蒙萌动的大学生活。他或许想融入这种大学生活，或许想证明自己能做些什么，证明自己比别人更聪明。

想象一下，这个孩子蹲在暗处，他蹲得很低，手和膝盖也都放得很低，蜷缩在一个天鹅绒沙发后面。他的手指和凉鞋下面是深红色的丝绒地毯，屋子的其他地方都是影子，有着不同的轮廓。

也许马克并不孤独，屋子里可能还有两个人和他在一起，一个男孩和一个女孩，他们站在马克对面墙上的窗户之间，从那里向外看，可以看到宿舍楼的院子。马克从沙发后面偷偷看过去，他也不知道这两个孩子究竟是大几的学生。但有一点他可以肯定，他们和自己一样，也是偷偷闯进来的。这里是宿舍的接待室，禁止闲人入内，通常只有使用钥匙才能进入。马克没有钥匙，但他能准确把握时间。他在接待室门口等着，管理员清扫完窗户和地毯之后会带着工具离开，在他离开的那一刻，马克在门框上放了课本防止门关上。

从另一方面看，那个男孩和那个女孩其实很幸运。他们可能注意到门被撑开了，在好奇心的驱使下，他们要进去看看。正如我们想的那样，马克急忙低下头，躲在了沙发后面。男孩和女孩并没有注意到他，他们有其他的事情要做。

就在这时，男孩把女孩推到墙上，女孩的皮夹克敞开着，她的运动衫被提到锁骨那里。男孩的手在她平坦的小腹上游走，她弓着身子，男孩在亲吻她的颈部。在女孩看起来即将屈服的时候，她立即改变了主意——谢天谢地。她告诉男孩再等一会儿，之后笑着把他推开了。

然后，女孩抓着男孩的手，拉着他穿过房间，向门口走去。他们恰巧经过沙发，但都没有看马克所处的这个方向。女孩走到门口把门推开，男孩挽着女孩的腰，搂着女孩走进大厅。门又抵到了课本上，马克以为课本会掉下去，这样的话，他就会被锁在屋子里。幸好课本没有掉下来。马克一个人待在房间里，只有不同轮廓的影子为伴。

马克从沙发后面快速离开，继续之前的工作。他开始沿着屋子四周行走，双膝微微弯曲，仔细查看漆黑的墙壁，特别是墙壁的接线处。马克耗了几分钟仔细寻找着什么，然后他咧嘴笑了笑，卸下了他的背包。

马克双腿跪在地上，猛地把电脑拉了出来。电脑上面已经连接了一根以太网电缆线，当他给电脑接上电源时，电缆线还在晃来晃去的。但马克技术娴熟，他抓住电缆线的末端，用力将其插入墙上的接口处。

马克的手指快速敲击着电脑键盘，打开了几小时前刚刚编写的程序，电脑屏幕亮了。在他的操作下，微型电子数据通过电缆线传输到电脑里，从建筑的电子装置中收取微小的能量脉冲。

时间一分一秒地过去，电脑在安静地快速运转，马克时不时地看看身后，确保房间里没有别人。他的心脏怦怦地跳着，我们也能想象他汗流浃背的场景。他应该不是第一次做这样的事情，但每次他做这种事情时肾上腺素总会飙升，就像詹姆斯·邦德一样。在马克的内心深处，他一定知道自己的所作所为是违法的，当然也是违反学校规定的。但这不算是一级犯罪，在黑客泛滥的时期，这甚至都算不上入店行窃。

他既没有从银行偷钱，也没有入侵国防部的网站；他既没有干扰某些电力公司的输电网，也没有追踪某个前女友的电子邮件。像他这样高水平的黑客能做的不仅这些，这件事根本算不上什么。

他只是在学校数据库中弄了几张照片。噢，也许不仅是几张照片，其实是所有照片。这也许是一个私有数据库，只有通过密码与特定宿舍楼内的IP地址组合才能进入。好吧，马克不能算是完全清白的，但也构不成一宗死罪。在马克看来，他的出发点是好的。

几分钟后他的工作就结束了。太棒了！人们能自由获取信息，我们相信，这是马克心中真正的道德准则，也是黑客信条的一种延伸。如果你面前有一堵墙，你会想办法推倒或翻过这堵墙；如果你面前有一个栅栏，你会想办法穿过去。垒墙的人，就是“当权机构”，他们是坏人。而马克是好人，他在打一场漂亮的仗。

信息就要共享。

照片就要可以被浏览。

一分钟以后，笔记本电脑发出轻微的哔哔声，表示任务已完成。马克把以太网电缆线从墙上的插口里拔出来，把笔记本电脑塞回他的背包里。这个宿舍楼弄完了，可能还有两栋宿舍楼没弄。我们几乎能听到詹姆斯·邦德系列电影的主题曲在马克脑中划过。他把背包挂在左肩，急忙向门口走去。他拿下课本，溜出接待室，他身后的门“咔嗒”一声关上了。

我们可以想象，在马克离开时，他注意到了那个女孩留在空气中诱人的香水味。

第 7 章　病毒式传播

直到72小时之后，马克才意识到自己做了什么。清醒之后，他肯定会觉得喝醉的那个夜晚竟如此漫长，但他坚持完成了这项任务，他也会继续他的生活，去上计算机课，去上基础课，跟爱德华多和其他伙伴在食堂闲逛。以后，他可以告诉校报的记者，他并没有对Facemash抱太多想法，只不过把它当成一项需要完成的任务，一个需要解决的数学问题、电脑问题。几个小时前，当他完美、精彩、漂亮地完成那项任务的时候，他给几个伙伴发了电子邮件，想听听他们的想法，获知他们的观点、反馈或是些许赞美。他还离开宿舍去参加了一门课程的会议讨论，这场会议持续的时间比他想象的要长得多。

当马克回到柯克兰楼的宿舍时，他只想放下背包，查看电子邮件，然后赶快去食堂。但当他走进卧室，他的注意力立即转移到桌子上依旧打开着的笔记本电脑上面。

让他吃惊的是，电脑卡住了。

他突然明白，因为电脑是 Facemash 的服务器，所以卡住了。但这又有些说不通，除非——

“该死。”

在参加会议之前，马克已经把 Facemash 的链接发给了一些朋友。很明显，有些人已经把链接转发给了他们的朋友。在这个过程中，Facemash 开始发展壮大。从程序追踪来看，这个链接好像已经被转发到不同的电子邮箱，包括校园里学生组织管理的邮箱。有人已经把链接发给了政治协会的每个人，这个组织拥有上百名成员。有人把链接发给了 Fuerza Latina，这是一个拉丁美洲女性问题组织。还有人把链接发给了哈佛黑人女子协会。它还被传到了《哈佛深红报》，也被传到了一些宿舍楼的电子公告栏上。

Facemash 变得无处不在。在这个网站内，你可以比较两个本科女孩的照片，投票选出谁更热辣一些，在复杂算法的推算下，看看谁是校园里最热辣的女孩。网站像病毒一样在校园内传播开了。

在不到两个小时的时间里，网站已经获得了 22 000 份投票。在过去的 30 分钟，还有 400 个孩子访问过该网站。

该死，情况不妙。链接不应该这样被传播出去。马克随后解释说，他当时只是想得到一些意见，然后再对网站进行些许调整。他想指出下载这些照片的合法性，他也许从来没想让网站上线，但现在为时已晚。这就是互联网的特点：它不是铅笔，而是钢笔。

你一旦写上某些东西，就无法擦掉了。

Facemash 已经上线了。

马克身体前倾，敲击着电脑键盘，输入密码进入他刚刚编写的程序。在几分钟的时间里，他终止了这个程序，关上了电脑，他看着自己的笔记本电脑屏幕最终变成空白。他一屁股坐在椅子上，双手在颤抖。

他感觉自己闯了大祸。

第 8 章　暴露

从外观上看，四层楼的喜乐斯大楼更像是一个紧急降落的空间站，不像一座大学图书馆。柱子由水泥和石头砌成，闪闪发光的表面由钢筋和玻璃组成。科德图书馆和科德的其他建筑一样，是校园里比较新的建筑。因为拉德克利夫四方院远离哈佛园内爬满常春藤的老式建筑，所以建筑师可能觉得他们能随意发挥，甚至认为一个彰显未来主义的丑陋建筑物更适合街那边的麻省理工学院。

此刻，泰勒正坐在图书馆三楼后面的一个角落里，这个身高 1 米 98 的男孩将自己塞进一副组合式桌椅中，这副桌椅像是一件刑具，不像一件艺术装饰风格的家具。他特意挑了个奇怪的组合式桌椅，为的就是它的不舒适性。现在还没到早晨 7 点，而且还是周一，刚进行过训练的他打算采取某些特别的措施让自己保持清醒。

他面前的课桌上摊着一本经济学书，书旁边放着一个红色塑料托盘，托盘是从附近福兹海默宿舍楼的食堂拿来的，托盘上放着一个吃了一半的腊肠三明治。尽管泰勒和卡梅伦吃完早餐还不到半小时，但泰勒依然很饿。他来图书馆是为了看书，再过不到一个小时，他就要去上经济学课，但腊肠三明治是唯一能使泰勒保持清醒的东西。一半三明治还在泰勒嘴里，他忙着嚼嘴里的东西，没发觉迪维亚从他身后走来。

迪维亚好像突然冒出来一样，他拍了拍泰勒的肩膀，把一份《哈佛深红报》扔到塑料托盘上。

“我们不是要在《哈佛深红报》里找一个电脑程序员吗？”迪维亚大叫道，算是打招呼。泰勒抬头瞪着他，嘴里嚼着一大团肉末。

“你这是怎么了？”

“对不起，把你的三明治弄得一团糟。但你看看这个标题。”

泰勒一把抓过报纸，抖掉报纸背面的番茄酱。他又瞪了一眼迪维亚，然后朝他的印度朋友指的地方看了看。当泰勒把目光从标题转移到正文时，他扬起了眉毛，快速浏览了文章前几段内容。

“很好！这很酷。”泰勒称赞道。

迪维亚点了点头，咧嘴笑了笑。泰勒靠在椅子上，把脖子伸长，以便可以看到四周的角落。他刚好可以看到卡梅伦的大长腿从组合式桌椅下面伸出来。

“卡梅伦，醒醒吧，你快到这边来看看！”

附近几个学生抬起头看了一眼，看到是泰勒在说话，然后就继续做功课了。卡梅伦花了好一会儿才起身，最终拖着沉重的步伐走了过来，在迪维亚旁边坐下。他脑袋后面的头发竖立着，睡眼惺忪，眼睛里布满了血丝。那天早上，河面的风十分猛烈，练习的强度很大。但泰勒在没有看到迪维亚给他的东西之前，看起来也没有他的兄弟那样疲惫。

泰勒把报纸递给卡梅伦。卡梅伦看了一眼文章标题，点了点头。

“没错，昨天晚上我听到坡斯廉俱乐部的几个男孩在谈论这件事。山姆·肯辛顿相当恼火，因为他的女朋友詹妮·泰勒在 Facemash 上排名第三，而她的室友凯莉排在第二。”

“她的另一个室友金妮排名第一，”迪维亚插了句话，“并不是每个人都感到吃惊。”

泰勒也笑了一下。詹妮、凯莉和金妮被公认为是校园里最热辣的大二女生。她们在大一时就是室友了，应该是被随机安排在一起的。但校园里没有人真正相信这是随机的，尤其是自从有人知道了她们大一时宿舍电话号码的最后 5 位是“3-FUCK”[①] 的时候。哈佛宿舍管理处因制造这样的恶作剧而出名，他们会把名字相似的孩子安排在同一个宿舍。在泰勒大一的时候，就有一个“汉堡包”（Burger）和一个“炸薯条”（Fries）住在一个宿舍，至少还有两个

① 美国的电话号码不仅是 0~9 这 10 个数字的组合，其中还包括英文字母，通常英文字母位于电话号码的后几位。——编者注

布莱克和两个怀特住在一起。后来又有詹妮、凯莉和金妮这三位校园最热辣的金发美女共处一室，她们宿舍电话号码的最后几位是3-FUCK。有些人真应该被开除。

但宿舍管理处并不是《哈佛深红报》中文章的主题，主题是这三个金发美女被一个网站进行了排名。据《哈佛深红报》的消息，这个网站叫作Facemash，和投票网站“Hot or Not”很相像，学生可以根据女孩们的照片来给她们投票——这已经在校园里引起了不小的轰动。

“这个网站很快就关闭了，”迪维亚指着《哈佛深红报》继续说道。“报纸上说是制作这个网站的孩子自己关闭的。当他创建这个网站时，他没有意识到人们会为之疯狂。他在博客上竟把女孩比作农场动物。”

泰勒倚靠在椅子上。

“是谁疯了？”

“很多女孩都快疯了。校园里的女权组织先是发了一大堆信件。然后是学校——那么多人同时浏览该网站，阻塞了学校的宽带网络，教授们甚至无法登录他们的电子邮箱，到处一团糟。”迪维亚说。

泰勒小声吹着口哨。

“哇！”

“没错，20 分钟内点击次数达到 20 000 次，创建这个网站的孩子现在惹了大麻烦。貌似他窃取了宿舍楼数据库中所有的图片，他侵入数据库并下载了全部照片。他和他的几个朋友将会被叫到广告委员会。”

泰勒对广告委员会了如指掌。它是哈佛管理层中的纪律组织，通常由系主任和学生顾问组成，有时甚至包括大学律师和高级管理人员。泰勒有一个在坡斯廉俱乐部的朋友曾经因为在历史考试中作弊而被指控，这个孩子不得不向两名院长和一位高级导师承认错误。广告委员会拥有很大的权力，它可以让你停课，甚至开除你。泰勒怀疑这件事的处罚也会那么严重。

创建 Facemash 的那个孩子可能会被留校察看，他的名声会受到一些影响，当然，校园里的女孩也不会给他很高的评价。虽然这个孩子不是一个花花公子，但是可以把女孩比作农场动物吗？如果他正在和女孩约会的话，是不会想出这样的比喻的。

“报纸上还说这不是他编的第一个程序，”卡梅伦看完那篇文章后说道，“他还弄过一个叫作课程搭配的东西。泰勒，你还记得吗，就是那个在线课程表，可以选课。他应该在中学时期就是个了不起的黑客。”

泰勒感到自己的心中充满能量。他对刚刚听到的这些事情很感兴趣。那个孩子把网站弄得一团糟，但很明显，他是一个出色的程序员，肯定也是一个思想自由的人。也许他正是他们要找的那个人。

“我们应该和这个孩子谈谈。”泰勒说。

迪维亚点了点头。

“我已经给维克托打过电话了。他说这个孩子和他一起上过计算机课，但他说这个孩子有点儿奇怪。”

“怎么个奇怪法？”卡梅伦问道。

“他在社交方面有些孤僻。”迪维亚说。

泰勒看了看卡梅伦，他们明白迪维亚的意思。“孤僻”这个词可能不太合适，“社交木讷”应该更准确。哈佛有很多这样的孩子。要想进入哈佛，你必须是个全才，比如说你成绩十分优秀，同时又是学校体育队的队长。要么你就在某方面十分出色，可能比世界上任何人都要强，比如是一个小提琴大师，或是一个获奖诗人。

泰勒觉得他和卡梅伦都是全才，但他不想自欺欺人，他也知道在赛艇方面他们确实更突出。

显然，那个孩子在电脑方面也非常优秀——看样子他也不是学校某个体育队的队长。

“那个孩子叫什么名字？”泰勒问，此时的他思绪纷飞。

“马克·扎克伯格。”迪维亚回答道。

“我去给他发个电子邮件。”泰勒决定道，同时轻轻拍打着《哈佛深红报》。“让我们看看这个叫马克·扎克伯格的孩子是否想被写入历史。”

第 9 章　意外的邀约

上午11点，在太阳光的照射下，站在怀德纳图书馆的台阶上放眼望去，哈佛校园在过去300年的时间里变得更加富有历史气息。蜿蜒的小路两旁树木林立，一块块草坪被精心修剪过。古老的砖石混合建筑物上爬满了常春藤，它们弯来绕去，像是皮肤上面的血管。爱德华多占据了有利位置，站在最高的那层石阶远眺，他只看到了远处山顶上的纪念教堂，其他什么都没有看到，既没有看到太空时代科学中心，又没有看到方方正正的大一学生宿舍楼，没有任何一座新式建筑会破坏这座具有历史气息的校园的朴素感和整体感。视野中的一切都有其厚重感，积聚了几个世纪的时光。爱德华多有一种感觉，在过去的几百年里，没有一个学生经历过坐在他旁边的这个孩子所经受的荒诞的折磨。

爱德华多看着马克。马克正盘着腿坐在一旁的台阶上，巨大的柱子支撑着大型石砌图书馆的顶部，阳光投射出柱子的影子，遮住了马克身体的一部分。马克穿着西服、打着领带，看起来并不舒服。但此时此刻，爱德华多心里非常清楚马克的不舒服不仅仅是因为衣服。

“真不爽。”爱德华多说，并将注意力转移回校园。

他看见两个漂亮的大一新生急匆匆地走在校园的小路上。她们戴着深红色的围巾，其中一个人把头发盘了起来，露出瓷瓶般修长的脖子。

“这好像是在做结肠镜检查。”马克回答说。

马克也注视着那两个女孩，她们正穿过校园。也许他想的和爱德华多一样——她们也许听说了 Facemash，也许在《哈佛深红报》里读到过它，或是在校园在线公告板上看到了什么消息。也许，她们甚至在一个小时前就意识到，马克必须要来到广告委员会，坐在至少三名系主任和两位电脑专家面前就此事做出解释，并为他在不经意间引起的麻烦反复道歉。

系主任无法理解此事的幽默之处，但有趣的是，马克看起来也不能真正理解为何每个人都那么烦恼。没错，马克入侵了学校的数据库，也下载了照片，他知道不应该这么做，当然也会为自己的所作所为道歉。但真正令他困惑的是，校园里的许多女性组织把矛头都指向了他。不仅是那些组织，还有许多女孩，她们当中很多人都给他发了电子邮件，有的女孩还通过她们的男朋友转达了她们的看法。不论是在食堂、教室还是在图书馆的书架旁，都会出现这样的情况。

在广告委员会的会议上，马克坦然承认了自己的错误，同时指出他的行为凸显了学校电脑系统存在的严重安全隐患。马克争辩道，他还有弥补的机会，他表示自愿帮助学校修复系统漏洞。

此外，马克勇敢地指出，当他发现网站像病毒一样传播时，就立刻把网站关闭了。他绝对没有想过让 Facemash 在校园里蔓延，那只是失控的测试版本。而且，马克创建网站并非出于恶意。

坦白讲，马克在社交方面的木讷以及 Facemash 给他带来的困惑成了他最好的辩词。系主任聚集在一起，他们看着马克，听着马克生硬的辩词，觉得他真的不是一个坏孩子，他只不过和别的孩子想的不一样。他没有意识到女孩会因为男孩对她们的外表进行投票而抓狂。全是受结构化教育的影响，马克、爱德华多以及全世界的大学男孩都会根据女孩的热辣程度对她们进行排名。爱德华多敢肯定，某天，古生物学家会发现一个山洞，洞中画着排好名次的尼安德特女孩——这只不过是人类的天性。

在旁观者看来，马克似乎还没有意识到，他心里所想的这些事情以及他和极客朋友在朋友圈的秘密谈话并不受大众的喜爱，把女孩的照片和农场动物的照片放在一起比较会惹人生气。

马克确实惹怒了很多人。但系主任出于好意，决定不会因为马克创建 Facemash 而让他停学或者开除他。他们给了马克一个留校察看的处分，并告诉马克今后两年不要再找麻烦了，否则就会受到重罚。他们没有明确说明“否则”的含义是什么，但无论如何，这也是对马克的严重警告。

马克熬过了这件事，他的学业也没有受到太大的影响。然而，他在学校的声誉却没那么容易恢复。如果在之前他很难受到女孩的青睐，那现在就更难了。

此外，大家都知道了马克·扎克伯格这个名字。《哈佛深红报》上面的文章已经证实了这一点。报纸甚至还对 Facemash 崩溃的事情进行了追踪报道，并且发表了一篇评论文章，谈论了 Facemash 的受欢迎程度以及网站获得的高点击量，这表明人们对网上图片共享社区饶有兴致——虽然这个网站具有负面倾向。马克无疑激起了人们的这种兴趣，难道不是吗?

当那两个大一女生走出他们的视线时，马克把手伸到了他身后的口袋里，掏出一张折叠的纸，然后把身子转向爱德华多。

“我想给你看样东西。你对此有何看法？”

马克把那张纸递给爱德华多，爱德华多打开了那张纸。那上面是一封电子邮件，是从马克的电脑上打出来的。

马克，你好。我从我的朋友那里得知了你的电子邮箱。总之，我和我的团队需要一个精通 php 和 sql（结构化查询语言）的网站开发人员，最好还能懂点 java（一种计算机编程语言）基础知识。我们正在全力开发一个网站，它将会在校园里产生一定的影响，希望你能加入我们。如果你有时间与我们电话交谈或与我们现任开发人员见面，请给我打个电话或者写封电子邮件。这将是一次非常有意义的经历，特别是如果你具有企业家精神的话。你回复后我再告诉你细节。谢谢！

电子邮件的署名是一个名叫迪维亚·纳伦德拉的人，邮件还被抄送给了一个名叫泰勒·文克莱沃斯的人。爱德华多读了两遍电子邮件，他明白了这个邀请的含义。那些孩子看似也在搞一个秘密网站——也许他们通过《哈佛深红报》知道了马克，还看到了Facemash，觉得马克可以帮助他们完成手头的东西。他们当然不认识马克，只是对马克突如其来的坏名声感兴趣。

“你认识这些男孩吗？”马克问。

“我不认识迪维亚，但我知道文克莱沃斯兄弟。他们是大四的，我想他们应该住在拉德克利夫四方院。他们是赛艇队队员。”

马克点了点头，他也知道文克莱沃斯兄弟。他不是在私下里认识他们的，但不可避免地会在某些地方注意到他们，因为一对身高 1 米 98 的双胞胎很难被忽视。然而，不管是爱德华多还是马克，他们都没和这两兄弟打过招呼，他们的朋友圈完全不同。泰勒和卡梅伦是坡斯廉俱乐部的成员，他们还是运动员，经常和运动员在一起闲逛。

“你打算和他们谈谈吗？”爱德华多说。

“为什么不呢？”马克反问道。

爱德华多耸了耸肩，他又看了一眼那封电子邮件。说实话，他对此并无好感。爱德华多不了解文克莱沃斯兄弟，也不了解迪维亚，但他了解马克，并且难以想象马克能与那些孩子处得来。要想长期与马克交好，就需要一种特定的“理解力”，而像文克莱沃斯兄弟那样的男孩是无法理解像爱德华多和马克这样的怪人的。

爱德华多发展得不错，他经常在凤凰社闲逛，努力完成入会流程。爱德华多敢肯定大约一周以后，入会流程将会结束，届时他将成为最后俱乐部一名合格的成员。但凤凰社的成员与坡斯廉俱乐部的成员还是有很大区别的。凤凰社成员主要学习如何与女孩交流，怎样豪饮，还可能学到如何与女孩约会。坡斯廉俱乐部主要学习如何统治世界。

“我想说‘去他们的’，”爱德华多回答道，“你不需要他们。”

马克拿回那张纸并把它塞进口袋，然后重新系了下鞋带，想把鞋子弄松点儿。

“我不知道，”马克说道。但爱德华多知道他已经做出了决定。也许和文克莱沃斯兄弟那样的男孩闲逛的想法吸引了马克，或者这像 Facemash 一样只是一场恶作剧——这也许会很有趣。

或者，正如马克经常说的那句话一样——

“这也许会很有趣。”

第 10 章　联谊巴士

“哦，见鬼。兄弟们，看好你们的女朋友啊。看看谁来吃饭了。”

泰勒和卡梅伦正穿过柯克兰楼的食堂，以几近慢跑的速度在桌子间行走。泰勒看到那个像牛一样强壮的大四学生朝他们走来，他伸出双臂，手放得很低，做出一个假的拥抱动作，他那宽大松弛的脸颊上露出敷衍的微笑——他不得不强颜欢笑。这种想在河边宿舍楼会面而不被注意到的想法非常愚蠢，泰勒和卡梅伦在柯克兰宿舍楼有很多朋友，那里有坡斯廉俱乐部的一些成员，还有赛艇队的许多队友。戴维斯·穆罗尼既不是坡斯廉俱乐部成员，又不是赛艇队队员，但很难避开他，他差不多有 270 多斤，是校足球队的中锋，现在他朝文克莱沃斯兄弟径直走了过来。

泰勒在他左方佯攻，但他太慢了，戴维斯给了他一个高度及腰的熊抱，让泰勒的脚离地足足有5英寸[①]。在泰勒被放下之后，戴维斯和这两兄弟握了握手，然后向他们挑了挑他那浓密的眉毛。

“到河边宿舍楼来看风景吗？是什么风把你们从四方院给吹来了？”

泰勒看了卡梅伦一眼，他们已经达成共识，目前还是对与电脑天才会面这件事守口如瓶比较好。这和他们的秘密网站不一样，他们的朋友知道这件事，坡斯廉俱乐部的几个兄弟也知道这件事。但这个叫马克·扎克伯格的孩子现在正是校园里的焦点人物，文克莱沃斯两兄弟肯定也没准备好在《哈佛深红报》级别的刊物上发表声明。

他们虽然还没见过马克，但他们知道马克对他们的网站感兴趣，并想成为网站的一分子。迪维亚和维克托之前就已经和马克互发了一大堆电子邮件，据他们的说法，马克看起来真的很感兴趣。他在近期发的电子邮件中说的那些话让他们觉得有必要来河边的宿舍楼走一趟：

> 我想和你们聊一聊，但我需要处理 Facemash 的遗留问题。明天可以吗？我迫不及待地想了解你们的项目。

① 1 英寸 =2.54 厘米。——编者注

然而，在柯克兰楼的晚餐会面并不意味着建立完全的合作伙伴关系，所以在事情还没有确定下来之前，泰勒不想让整个学校都知道他们兄弟俩在和创建 Facemash 的那个孩子合作。可是，泰勒认为他和卡梅伦来柯克兰楼这边不会碰到熟人的想法确实有些愚蠢。戴维斯的女朋友和卡梅伦的某位前女友是室友，而且不管怎么说，足球队和赛艇队的训练时间相似，所以他们总能碰见对方。

“我听说那是一个牛肉酱汉堡之夜，”泰勒回答说，“我们一直想尝尝美味的牛肉酱汉堡。”

戴维斯大笑起来，他朝一张靠窗的桌子那边做了个手势，桌子旁边坐满了体形高大的男孩，他们都穿着一样的哈佛运动衫。

“为什么不和我们一起？我们一会儿会去 Spi 酒吧喝一杯，也许还会去趟格拉夫顿。我的伙伴在从威尔斯利来的联谊巴士上认识了些女孩，这将是个美好的夜晚。”

泰勒转了转眼珠。“联谊巴士”是哈佛的一个特色，它像货车一样，通常在哈佛校园和附近的 6 所女子学校间穿梭，还会经过几所思想开放的男女同校的学校。巴士经常在周末来回接送学生。所有具有社交头脑的哈佛毕业生都在他们的大学生涯中至少乘坐过一次联谊巴士，泰勒闭上眼睛，依旧能够想起巴士上弥漫的刺鼻的酒精味和浓厚的香水味，但今晚，他对联谊巴士的活动并不感兴趣。

“兄弟，不好意思，今晚不行，要不改天吧。”

泰勒拍了拍戴维斯的肩膀，向那桌运动员挥了挥手，然后穿过食堂。他边走边想，觉得在某些方面，联谊巴士和他们兄弟俩在弄的那个项目差不多，哈佛联谊会的有些特征可以被描述成电子版联谊巴士，它可以使男孩和女孩之间联系起来更方便，你不需要在巴士后面坐很长时间，只要点击一下电脑屏幕就可以了。可以说，它能提供一站式服务，满足你的约会梦想。

卡梅伦拍了一下泰勒的手臂，指了指方形食堂最后面的一张桌子。在桌子中央，有个孩子在朝他们挥手。这个孩子又瘦又高，有着一头蓬乱的褐色卷发。他穿着一条宽松的短裤，虽然外面温度为零下 1 摄氏度。他看起来面色苍白，好像很长时间都没有晒过太阳了。

还有一个孩子坐在他旁边，他身材矮小，发色很深，低垂着头，可能是马克的室友。但那个孩子在文克莱沃斯兄弟走近的时候起身离开了，只留下马克一人。泰勒先走到桌子旁并伸出手。

“你好，我是泰勒·文克莱沃斯，这是我的兄弟卡梅伦。很抱歉迪维亚没有来，他有一场研讨会抽不开身。”

当他们握手时，马克的手给人的感觉就像是一条死鱼。泰勒坐在了他对面，卡梅伦坐在了泰勒的右边。马克看起来并不打算先说话，因此泰勒率先谈起了他们的项目。

“我们打算将这个项目命名为哈佛联谊会。”他开门见山地说道。然后他对这个正在创建的网站进行了全面的解说。首先，他解释了一下网上社交平台这个想法。在这个网站，哈佛的男孩和女孩能相互认识、共享信息并建立联系。网站分为两个板块：一个是约会，一个是联谊。学生可以在网上发布个人照片，放一些个人信息，与其他人建立联系。在现实生活中，找到一个情投意合的人需要花费很多时间，而哈佛联谊会能根据人们的个性或个人信息将人们聚集在一起，摆脱时间和距离的限制。

虽然马克的面部表情很难读懂，但马克似乎立即明白了泰勒的意思。马克喜欢网站可以结识女孩的这个想法，而且编写这样的程序对他来说也不是一件难事。马克问卡梅伦目前维克托把这个程序编写到了什么程度，卡梅伦建议他自己去看看。他们把必要的密码提供给马克，方便他进入维克托的研究中看看，此外马克还可以下载代码，在自己的电脑上工作。卡梅伦猜测他们还有 10 小时或者 15 小时的编程工作要做，这项任务对马克来说并不繁重。卡梅伦又做了进一步的解释，泰勒靠在椅子上注视着他们。

泰勒发现，随着卡梅伦的讲解，马克变得越来越兴奋了。马克表现出的木讷感也似乎随着对电脑话题的深入探讨而逐渐消失，马克与他们之前见过的电脑天才不同，他似乎能感受到泰勒和卡梅伦的远见。而且泰勒清楚，马克还想知道如果他帮忙创建网站会得到什么回报，所以卡梅伦一停下来，泰勒就立马切入这个话题。

“如果这个网站成功了，我们就能赚到钱，”泰勒说，“但比钱更重要的是，我们觉得这件事很酷，我们想让你成为这件事的核心。你会再次登上《哈佛深红报》，这次，人们会在报纸上赞扬你，而不是贬低你。”

在泰勒看来，这个提议十分简单。马克将会成为这个项目的合伙人，如果这个项目赚了钱，他们都将从中受益。那时，马克可以通过创建网站挽回自己的形象，他将成为大家关注的焦点——这对电脑天才而言是个难得的机会，因为他们经常隐匿在幕后。马克利用这个网站能改善他的社交现状。

泰勒看着马克，他独自一人坐在食堂后面，脸上露出木讷的神情——泰勒知道这是一个诱人的想法。让网站运转起来，从中得到一些名气，谁知道呢，也许网站会让这个孩子变成一个完全不同的人。他将拥有社交生活，摆脱古怪的脾气，约到那些他在计算机实验室中无法约到的女孩。

泰勒根本就不了解这个男孩，但谁会对这样的提议置若罔闻呢？

会面结束时，泰勒知道马克对此非常感兴趣。当他们再次握手时，马克的手不像死鱼一样了，更像是一个充满活力的工程师的手。泰勒离开桌子，内心激动不已，庆幸自己终于找到了一个貌似能真正理解他们要做的事情的人。

泰勒欣喜不已，他觉得他和卡梅伦有时间和那些足球小子去 Spi 喝上一杯了。他们离实现哈佛联谊会的想法又近了一步，也许是时候庆祝一番了。

说到庆祝，到联谊巴士去看看或许更合适。

第 11 章 合作

在一个晴朗的日子，开放式的镀铬玻璃厨房中飘出了烤大蒜味和帕尔马干酪的浓烈香味，这种香味令人兴奋，也让人有点儿透不过气来，但今天压根儿就不是个好日子。爱德华多的头一阵阵地疼着，他的眼睛也灼痛难忍。这股香味几乎使他窒息，他只想爬到他坐的那张桌子下面，在地板上蜷成一团，然后入睡。但他并没有这样做，他大口大口地喝着眼前的冰水，努力想要看清手中菜单上模糊的字。

爱德华多并没有责怪餐厅，他这样是因为自己的身体状况不佳。剑桥一号是爱德华多在哈佛广场周围最喜欢的餐厅，他平时都爱点那里的多层比萨。你可以从教堂街外的两个街区闻到剑桥一号餐厅飘来的香味，这个小地方颇具现代感，每个门店都坐满了人，紧挨着开放厨房的小酒吧也都座无虚席。但此时此刻，爱德华多对比萨提不起兴趣。食物打破了他内心短暂的平静，他挣扎着，在想着要不要跑回宿舍，把自己蒙在毯子里，让自己消失两天。

爱德华多也可以把这两天混过去。1 月才过去一周，在两周的寒假之后，他甚至还没有开始上课呢。其实，他前一天才从迈阿密返回校园。飞机在洛根降落之后，爱德华多直接来到凤凰社，试图从漫长的家庭时光中解脱出来。

爱德华多回到校园，渴望得到一场心灵的净化，所以他去了凤凰社。他还在那里碰到了一些和他一同入会的新成员，他们都把手头的事情抛到了脑后。他们似乎在试着还原入会那晚所受到的伤害，事情就发生在 10 天前。

爱德华多咧嘴笑了笑，他虽然在那天晚上受到了伤害，但老实讲，那是他人生中最疯狂的时刻。那天晚上的氛围一开始是非常和谐的，爱德华多穿着礼服，和其他凤凰社的新成员一起像穿戴整齐的士兵一样在哈佛广场走动。然后他们回到奥本山大街的公寓中，后来又被带到俱乐部楼上的客厅里。

凤凰社的入会仪式以古老的接力比赛开始。新成员被分为两组，在台球桌前排成一排。每组的第一个孩子手里拿着一瓶杰克·丹尼[①]，一名俱乐部成员吹响口哨之后，比赛就开始了。每个新成员需要尽可能多地喝一些酒，然后再把瓶子递给下一个人。

① 杰克·丹尼，世界十大名酒之一，顶级洋酒。——编者注

遗憾的是，爱德华多那组没有在比赛中获胜。作为惩罚，他们必须要再玩一遍这个该死的游戏，还要喝更大瓶的伏特加。

从那以后，爱德华多对那晚的记忆就比较模糊，但他还能记得自己曾走到河边，身上仍然穿着那件礼服。爱德华多记得当时寒风刺骨，他穿着一件单薄的外套站在那里，12月的寒风猛烈地吹着他那件昂贵的白衬衫。他还记得兄弟们告诉他和其他成员，他们要再次进行比赛，只不过这次是游泳比赛，参赛者要游到查尔斯河对面再游回来。

听到这个主意时，爱德华多差点晕倒。众所周知，查尔斯河污染相当严重。更糟糕的是，在12月中旬，这条河已经开始结冰了。清醒的时候要游过这条河都十分可怕，更何况大家还都喝醉了呢？

即便如此，爱德华多也别无选择。凤凰社对他而言意义重大，他无法放弃，所以他和其他新成员一样开始脱鞋、脱袜子，然后在河边排队等候，身体前倾准备着。

就在那时，凤凰社的成员从黑暗中走了出来，一边大笑一边欢呼。那天晚上没有真的游泳，他们只是多喝了一些酒，搞了一些其他仪式，到处都是庆祝的声音。几个小时之后，入会仪式便结束了，爱德华多终于成为凤凰社的一名正式成员。

爱德华多现在可以自由进出楼上的大厅以及俱乐部的私密房间了，也可以接近公寓中的各个角落，他将在这里开展他未来的社交生活。令爱德华多吃惊的是，昨晚他发现俱乐部楼上还有许多间卧室，但卧室没有人居住。他大概能猜出卧室是用来做什么的，这种想法致使他与俱乐部成员多喝了几杯酒，也导致了他现在处于可怕的境地之中。

真的太糟糕了，爱德华多朝着门的方向走去，一眼就看见了马克。马克正在拥挤的酒吧里向前挪动身子，他头上戴着帽子，眼里流露出陌生而又坚定的目光。爱德华多立马决定再忍受几分钟的疼痛，因为他很少见到马克的眼睛里流露出这种神情，这意味着将要发生一些“有趣”的事情。至少，这能解释为什么他们会在一家意大利餐厅碰面而不是在他们常去吃午餐的那个食堂。

爱德华多换了个位置，坐到冰水和菜单前，这时马克也挤了过来。但从马克的表情来看，爱德华多觉得他们不会马上点餐，因为马克看上去已经吃得很饱了。

“我有一个主意”，马克开口说道，然后他就兴致勃勃地说了起来。

就在 Facemash 事件发生后的一个月里，马克心里一直在酝酿着一个想法。这个想法的确是由 Facemash 引起的，但不是因为网站本身，而是因为马克亲眼看见了大众对网站的狂热。简言之就是人们陆陆续续地访问网站。这并不完全是因为马克把热辣女孩的照片放到了网上，而是因为 Facemash 提供了哈佛学生想认识的女孩的照片，有的照片是比较私密的。许多学生都点击进入网站投票，这表明人们喜欢在网络上以一种非正式的形式查看同学的状态。

马克在想，如果人们喜欢在网上查看朋友们的状态，他为何不创建一个这样的网站来满足大家的需求呢？建立一个线上朋友圈，包含照片、个人资料和其他信息，可以点击查看、访问和任意浏览。它是一种社交网络，网站设有限制，只有认识网站上的这个人才能查看他的资料。这和现实生活有些类似，只是把真实的社交圈放到网络上罢了。

与 Facemash 不同的是，马克希望建立一个人们可以自由上传自己照片的网站，也可以添加个人信息，例如出生地、年龄、兴趣爱好或者正在学习的课程。人们也可以表明上网的倾向，是为了寻找朋友还是恋爱对象或是其他东西。马克想设计一个邀请朋友的功能，人们可以邀请朋友加入自己的在线社交圈。

“我觉得网站名字应该简单点，就叫 TheFacebook（脸书前身）吧。”马克眼睛一亮。

爱德华多眨了眨眼睛，突然忘记了宿醉带给他的疼痛感。他觉得这是个很好的想法。这个想法给人一种宏大的感觉，它在某些方面与 Friendster（社交网络服务鼻祖）比较相似，但那个网站让人感觉十分沉闷，至少在哈佛没有人使用。学校里有个孩子叫阿龙·格林斯潘，他最近几个月有些麻烦，所以他搞了个共享信息的留言板系统，学生可以用哈佛电子邮箱和身份证号码登录。格林斯潘后来又开发了一个叫 houseSYSTEM 的电脑系统，为其掺入一些社交元素。还有一个叫格罗斯曼的孩子甚至把学校网站上的一个公共栏目 Universal House Facebook 直接加进自己的网站，马克曾访问过这个网站。据爱德华多所知，几乎没有人留意过这个网站。

Friendster 没有限制，格罗斯曼的网站不完美，没有照片和个人资料，马克的想法的确与众不同，就是把真实的社交网络移到互联网上。

“难道学校没有在运行某个和 facebook 相似的网站吗？”

爱德华多记得自己曾在《哈佛深红报》上读过一篇对 Facemash 的报道，里面提到学校计划做一个学生照片通用网站，用来存储学校学生的照片，其他学校目前已经有这样的网站了。

“是啊，这种网站没有互动性，不是我说的那种。TheFacebook 的名字很普遍，但我觉得重名也没有关系。”

社交网络具有互动性，这听上去颇具吸引力。要完成这个网站似乎有很多工作要做。但爱德华多不是电脑专家，那是马克的专长。一旦马克觉得自己能建立这样一个网站，那么他肯定能完成这个目标。

马克看上去已经经过了深思熟虑，这个想法至少在他心里已经差不多成型了。爱德华多认为这个网站会超过 Facemash，它融入课程搭配软件中的一些东西，学生可以看到其他人选了什么课程。当然，Friendster 早已经添加了这个功能，马克也已经访问过这个网站了。

马克肯定已经考虑到这些因素，并在脑子里将它们结合在一起，然后一步步实现它们。爱德华多思忖着马克何时产生了这个天才的想法——是在家？还是在多布斯的渡轮上？是在假期？还是他独自一人坐在宿舍里盯着电脑屏幕时？或者是在上课时？

爱德华多敢肯定，马克和文克莱沃斯兄弟在一起时没有这种灵感。马克已经详细地描述了他和文克莱沃斯兄弟晚餐会面的具体细节，以及他们兄弟俩打算让马克帮忙创建网站的事。根据马克的描述，那就是一个约会网站，男孩能在那个网站找到约会对象，那是针对高素质人群的婚恋网站。

据爱德华多所知，马克还没有为文克莱沃斯兄弟做任何实质性的工作。马克看过他们的网站，仔细考虑了一下，他觉得那不值得他花时间去做。其实马克觉得他们的网站很好笑，就连他最差劲的朋友都比迪维亚和文克莱沃斯兄弟更明白如何吸引他人对网站的兴趣。不管怎样，马克平时课业很忙，没有时间去搞一个约会网站来取悦几个坡斯廉俱乐部的运动员。爱德华多认为马克还会通过电子邮件和电话与他们交流，他也不知道是什么原因，可能因为他们还是他们，马克还是马克吧。

爱德华多觉得文克莱沃斯兄弟肯定完全误解了他的朋友。他们也许只把马克看成了一个极客，认为马克可以通过为他们制作网站来挽回形象，但马克不想挽回任何东西。Facemash 虽然给他带来了麻烦，但它向世界展示了马克想要展示的东西——那就是他比任何人都要聪明。他战胜了哈佛的计算机系统，也打败了广告委员会。

毫无疑问，马克觉得自己的水平超越了文克莱沃斯兄弟。他们是谁，竟然想要利用马克？他们只不过是几个自认为能够统治世界的运动员。他们或许能操控现实生活中的社交世界，但在网络和电脑方面，马克才是佼佼者。

“我觉得这个主意不错。”爱德华多说。在他眼中，餐厅已经不再重要，此时此刻，他所能看到的只有马克对这个项目的热情。他也想加入这个项目，很明显，马克也希望他加入，不然的话，他会去找他的室友的。他有个室友叫达斯廷·莫斯科维茨，是个电脑天才，在编程方面可能和马克一样出色。马克为什么没有先去找他？这其中肯定是有原因的。

“太棒了，我们需要一些启动资金来租赁服务器，并且让服务器上线。”马克说。

这就是原因。马克需要钱来运营网站，爱德华多家境富裕，此外，爱德华多自己也有钱，他从石油期货交易中赚取了 30 万美元，这得益于他的气象学爱好和帮助他预见飓风类型的运算法则。爱德华多有钱，且马克需要钱，原因也许就这么简单，但爱德华多更希望他们之间的合作除了钱以外还有其他原因。

马克谈论的是社交网站，他却没有什么社交技巧，也没有什么社交生活。爱德华多刚刚成为凤凰社的一员，他开始扩大自己的社交圈子，和女生约会，他迟早会谈恋爱的。在马克的朋友中，没有其他人合适，爱德华多当然是他们那群人中社交最厉害的。

“我想加入。”爱德华多说，并握住马克的手。他能提供资金，也能提供建议，可以用马克可能无法做到的方式帮助和引导这个项目。马克没有商业头脑，他竟然在中学拒绝了微软公司 7 位数的年薪。

爱德华多在商业环境中长大。通过这个项目，他也许能向他的父亲展示他学到的商业知识。哈佛投资协会主席的头衔是一回事儿，创建一个流行网站又是另一回事儿。

“你觉得我们需要多少钱？”爱德华多问。

“我觉得需要 1 000 美元作为初始资金。但问题是我手头没有 1 000 美元，如果你现在能为我们提供资金，那我们就能开始了。”

爱德华多点头表示同意。他知道马克没钱。爱德华多可以在 20 分钟之内准备好 1 000 美元，他只需要去一趟最近的银行。

“我们可以三七分红，”马克突然主动提出这件事，“我七你三，你可以做公司的 CFO（首席财务官）。”

爱德华多再次点了点头。这听起来很公平，那毕竟是马克的主意。爱德华多可以提供资金，并且进行商业决策。他们也许永远都不能从这件事上赚到钱，但爱德华多觉得这是个好主意，不可能会失败。

校园里的学生都在试着创建网站，不光是文克莱沃斯兄弟和那个叫格林斯潘的孩子，爱德华多还认识很多试图在宿舍里创建网站的学生。他们的网站大多数都和文克莱沃斯兄弟的网站一样具有社交功能，但这些网站都没有马克的想法听上去酷。马克的想法简单、诱人，并且独一无二。

TheFacebook 拥有一个成功网站所具备的所有要素。它就像最后俱乐部的一部分，唯一的不同在于它是线上的。它就像是凤凰社，但你可以在宿舍偷偷加入。这次，马克·扎克伯格不是要去参加胖奇派对，他将成为总裁。

“这真的会很有意思。”爱德华多咧嘴笑了。

马克也对着他笑了。

第 12 章　真实的谎言

在马萨诸塞大道的正对面，有一扇漆黑的大门。站在街对面的石门前望过去，大门上除了铁条和华丽的石雕外，还有上等石灰石雕成的野猪头置于建筑物的顶部。如果大一新生没有妄想症的话，他们在穿过石门时是不会停下来细看街对面的那扇门的，因为他们对此并不好奇。这座建筑物毫无特点，是用红砖砌成的四层小楼，楼下是一家古朴的服装店。但马萨诸塞大道 1324 号是哈佛的神话和传奇，它与哈佛的神秘历史交织在一起。

此时，泰勒·文克莱沃斯、他的兄弟卡梅伦和他们最好的朋友迪维亚正坐在一张绿色皮沙发上，他们就在那扇黑色门内的一个长方形的接待室里，这间接待室叫作自行车房间。要是只有泰勒和卡梅伦两个人的话，他们还可以去更高的楼层，那里更隐蔽。通向这座百年建筑物的木楼梯上铺着绿色的地毯，但迪维亚不能上去，他从未被邀请爬上那些蜿蜒狭窄的楼梯，而且永远都不会收到邀请。

坡斯廉俱乐部制度森严，200 多年来，它一直处于最后俱乐部的顶端，具有崇高的社会地位，也为国家培养了一代又一代最出色、最杰出的人才。它可以算是美国最优秀和最私密的俱乐部，可以与耶鲁的骷髅会相媲美。坡斯廉俱乐部成立于 1791 年，在 1794 年的时候，俱乐部成员为了庆祝毕业而举行了酒神节烤猪盛宴，俱乐部因此得名。据说，有个成员曾带着他的宠物猪去上课，每当教授走近时，他就把它装进窗台上的花盆箱里。坡斯廉俱乐部成了哈佛毕业生最后的校园社交圈，这也赋予了“坡斯廉”这个词新的定义[①]。

俱乐部成员将俱乐部会所称为“旧谷仓”，那是一个具有传奇色彩和历史印记的地方。西奥多 · 罗斯福曾经是坡斯廉俱乐部的一员，还有很多罗斯福的家族成员都是该俱乐部的一分子。唯独富兰克林 · 德拉诺 · 罗斯福被该俱乐部拒之门外，他觉得这是他“人生中最遗憾的事”。坡斯廉俱乐部的座右铭是“dum vivimus, vivamus”，意思是“活着，就要好好活”。这句话不仅适用于成员度过大学生活时，也适用于他们今后在社会上开创自己的事业时。成为坡斯廉俱乐部的成员就意味着成为社会的主宰，校园里甚至还有一个都市神话，据说如果坡斯廉俱乐部的成员在 30 岁时没有赚

① 坡斯廉的英文是“Porcellian”，文中宠物猪的英文为“porcine pet”，坡斯廉俱乐部的名字是由宠物猪这个词引申而来的。——编者注

到 100 万美元，俱乐部会直接给他这笔钱。

无论这个传言真实与否，泰勒、卡梅伦和迪维亚来自行车房间不是为了考虑如何赚取这 100 万美元的，他们是来相互安慰的，因为突然之间，成功变得遥不可及。

他们的挫败感都因一个名字而起：马克 · 扎克伯格。

两个月以来，自从那次在柯克兰宿舍楼的食堂里进行了看似完美的碰面之后，马克一直告诉他们哈佛联谊会这个网站的创意很好。马克还说他看过他们的代码，研究过网站的创建进度，也明白自己需要完成什么工作。

文克莱沃斯兄弟、迪维亚和马克之间总共往来了 52 封电子邮件，还打过 6 通电话。一直以来，这个孩子看起来都对这个项目很感兴趣，这和他在第一次晚餐碰面时的表现没什么两样。他发给文克莱沃斯兄弟的电子邮件就像是工作日志和进度报告一样，让文克莱沃斯兄弟觉得编程工作在稳步推进，虽然比预期稍微慢了些。

> 大部分编程工作已经完成，看上去一切都进展顺利。我现在必须要去做些功课，马上就回来。我在感恩节那天忘记把充电器带回去了。

可是直到第 7 周的周末，网站还是没有实质性的进展。泰勒他们没有收到与编程相关的电子邮件，也没有看到网站上添加新的代码，这让泰勒开始有些焦虑。事情进展得太慢了。泰勒以为网站可以在假期结束之前上线，所以他让卡梅伦给马克发了封电子邮件，问他能不能在近期完成这项工作。马克差不多立马回复了这封邮件，他说自己需要更多时间。

抱歉这么久才回复，我这周忙得不可开交。我周一有三个编程项目和一篇期末论文要交，还有几个问题要在周五之前解决。

但在这封邮件中，马克表示他仍在努力为网站编程：

到目前为止，我对网站进行了一些修改，但没有全部修改。从我的电脑里看，它们的运行还算正常，不过我还没有把它们上传到活动站点呢。

马克还说了一些事情，这引起了泰勒的注意。因为之前马克一直都很乐观，但他现在说的事情让人有些出乎意料：

我依然有些怀疑，网站的功能是否足够完善，能否吸引用户，满足大众的需求，从而使网站运转？目前，如果网站真的能达到我们所预期的访问量，那我不知道我们能否从互联网网络供应商那里获得足够的带宽来承载这样的负荷，且不用过度优化。这还需要几天才能完成。

这是马克第一次提到网站功能不够完善的问题。在此之前，马克似乎对他们的想法很感兴趣，也认为网站会取得成功。

在那封电子邮件以后，泰勒坚持要和马克见面。他曾期待着网站能在近期上线，因为每浪费一天的时间就意味着别人可能会抢在他们的前面，创建一个类似的网站并开始运行。泰勒和卡梅伦已经大四了，他们想尽快建成网站，可是马克一拖再拖，并声称自己的功课太多了，没有时间做其他事情。

直到某天晚上，在文克莱沃斯兄弟和迪维亚走出坡斯廉俱乐部的大门的几小时前，马克才最终勉强同意在柯克兰楼的食堂与他们短暂聚一下。

起初，泰勒、卡梅伦和迪维亚与坐在食堂后面桌子边上的马克碰了面，这和之前看起来没什么两样。马克先称赞了他们的想法，觉得哈佛联谊会这个想法特别了不起，但后来，莫名其妙地，马克就开始有点儿回避了。他说他没有时间马上完成这个项目，他有许多项目需要做，这会占据他大部分课余时间。泰勒以为这些项目是计算机课的作业，因为马克说的话十分含糊，表达得特别不清楚。

马克也提出了他在创建哈佛联谊会的过程中碰到的几个问题，这些问题他以前从没提到过。他说有些“前端的东西”需要弄，可他不太擅长。泰勒认为“前端的东西”是指首页的可见部分，这不禁让人觉得奇怪，因为马克在 Facemash 事件中向大家展示了他对此非常在行。

马克后来的行为更加令人困惑。他说为了使网站能上线，他仍然需要做一些“无聊”的工作，他对此一点都不感兴趣。他再次重申网站功能不完善，他说他们需要更大容量的服务器。

泰勒突然觉得马克在让他们泄气。他之前还表现得十分热情，现在却告诉他们他对此提不起兴趣。

泰勒在想，这个孩子或许只是有些疲惫。他努力学习所有功课，泰勒还从维克托那里了解到工程师都有那样的倾向：有点儿疲倦，有点儿累，有点儿易怒。但马克的借口太过空泛，那是肯定的。如果是服务器的问题，他们可以加大服务器容量。如果是前端的问题，他们可以找人帮忙设计前端。也许他只不过是需要时间单独待会儿，然后再工作。也许到 2 月，他会重新找回激情。

结果仍旧不乐观，泰勒、卡梅伦和迪维亚在和马克碰面后感到十分消沉。最近几周，马克一直在告诉他们一切都进展顺利，现在却说他还没准备好，他还有一些实际问题需要处理，并且对这个项目不感兴趣。除了功课多之外他也没有什么合理的解释，这只不过是一个漏洞百出的借口。他们又浪费了两个月的时间。

真的太令人失望了。泰勒原本以为网站现在就能正式上线了，他真的以为马克这个极客在认真做这个项目，也明白这个网站的前景。这个孩子了解他们之前所做的工作，觉得这个网站容易建成。对一个优秀的电脑程序员来说，这些工作只有 10—15 个小时的工作量，但马克现在满口废话，说了那么多关于前端和服务器容量的问题。

这毫无意义。泰勒最终决定，最好的办法就是让这个孩子冷静几周，他也许会做回原来的自己。

“如果几周后他还没有恢复过来怎么办？”当他们坐在自行车房间的沙发上时，迪维亚这样问道。他们能在门的另一侧听到门外汽车驶过马萨诸塞大道时的声音。如果泰勒和卡梅伦走到楼上，他们能站在镜子前观看往来的车辆，镜子是经过特殊设计的，外面没有人能看到他们在做什么。泰勒不是偷窥狂，他希望参与某些有意义的项目，并取得成功。他讨厌陷入进退两难的情形之中，讨厌仅限于观察别人的世界是如何运转的。

泰勒耸了耸肩，他不想突破自我，他们可能看错了那个孩子。也许马克·扎克伯格不是泰勒所想的那种企业家，他只是一个没有真正理想的极客。

“如果是那样的话，”泰勒犹豫地回答道，“我们不得不再找一个新的程序员，一个能理解这个项目伟大前景的人。”

也许马克·扎克伯格根本没有理解网站有着多大的前景。

第 13 章　是“性”驱动着社交网络

当马克突然出现在通往楼下食堂的楼梯间时，爱德华多已经在柯克兰宿舍楼空旷的走廊里站了足足20分钟。马克跑得很快，他的夹趾凉鞋在他脚下忽隐忽现，黄色羊毛连帽衫的帽子在他脑后拍来拍去，就像飓风中的光环。爱德华多双手交叉放在胸前，看着他的朋友飞奔而来。

“我记得我们约好在9点见面。”爱德华多开口说道，但马克向他招了招手。

“让我缓缓。”马克一边嘟囔着，一边从短裤的口袋里掏出钥匙，然后走到门把手前。

爱德华多看着他朋友那头乱糟糟的头发和那双兴奋的眼睛，问道：

“你昨晚是不是没有睡觉？”

马克没有回答。不过，爱德华多敢肯定马克上周都没怎么睡觉。他夜以继日地工作，看上去疲惫不堪。但现在，对马克来讲，这些事情都不重要。他目前十分专注，每个工程师都能理解。他不想分心，不希望任何事情打断他的思绪。

“你为什么不说话？”爱德华多继续追问道，但马克还是没有理睬他。钥匙终于转动了，马克把门打开，一头扎了进去。他被地上乱放着的牛仔裤绊了一下，马克瞬间失去了平衡，在乱糟糟的书架和一台小彩电旁打了个转儿。待他站稳后，他便继续往前走。他走进卧室，径直朝书桌走去。

书桌上的电脑还亮着，程序也开着，马克直接开始工作了。他似乎都没听到爱德华多在他身后踱来踱去的脚步声。他猛敲着键盘，手指像疯了一样移动着。

爱德华多觉得马克在做最后的完善工作，因为所有的调试工作都完成了，而且大部分的设计和代码都没有什么大问题。现在缺少的就是一种功能，这个功能让马克反复思考了将近一天的时间。

马克正在设计网站的特色，他尽量使设计简单干净又不乏活力，以便吸引访问者的眼球。人们使用 TheFacebook 不是为了窥探他人隐私，而是喜欢这个过程的互动性。简而言之，网站将模仿日常的大学生活，让学生获得大学社交体验，促使他们去俱乐部和酒吧，去教室和食堂，鼓励学生去认识别人，与别人交流。但社交网络的催化剂和引擎非常简单，和人性一样。

“看起来很不错。”爱德华多说，他越过马克的肩膀看着屏幕。马克点点头，差不多是在朝自己点头。

“是的。”马克说。

“我是说网站看上去很棒，我觉得人们的反响会很好。”

马克用一只手拂了下头发，向后倚靠在椅子上。电脑上显示的页面是网站内部页面，那是一个个人资料的模拟页面，人们在注册和添加完个人信息后就会看到这个页面。页面上方有一个图片框，你可以在那里添加任何一张你想要添加的图片。页面右侧有一个属性列表，包括你的入学年龄、专业、高中的毕业学校、家乡、俱乐部和个性签名。然后还有好友列表，你可以自己主动添加朋友或邀请朋友加入。这个应用能让你查看他人的个人资料，别人也能知道你访问过他。此外，还有大号字体显示你的“性别”、你在“寻找什么”、你的“感情状况”以及你的“兴趣爱好”。

这就是网站的点睛之笔，它会使一切运转起来。“寻找什么”、“感情状况”和“兴趣爱好”是大学生活的核心部分。这三个概念简单定义了大学生活——从派对到教室再到宿舍，那就是驱动校园里每个孩子的引擎。

在网上也是一样，驱动社交网络的因素和驱动大学生活的因素是相同的，那就是性。即使在哈佛这样的世界名校，一切活动都与性有关。是否与性相关也是人们加入最后俱乐部的原因之一。这也解释了为何人们选择了某些课程而没有选择其他课程，为何人们选择坐在食堂的某些座位上。这些都与性有关。如果深入探讨下去的话，从一开始，这个网站的核心就是一股与性有关的暗流。

马克又敲了几个键，把页面切换到 thefacebook.com 的打开页面。爱德华多看到上方是深蓝色的横条纹，以及浅蓝色的“注册”和“登录”按钮。页面看上去简单干净，没有刺眼的光，也没有烦人的声音。一切都与用户的体验相关——没有花哨、压抑和可怕的东西，十分简单干净：

［欢迎来到 TheFacebook］

TheFacebook 是一个通过大学的社交网络把学生联系起来的在线目录。

我们创办 TheFacebook 是想为您的哈佛生活增添色彩。

您可以用 TheFacebook 做以下事情：

•寻找和您同校的人

•寻找和您同班的人

•查找您朋友的朋友

•了解您的社交网络

您可以点击下面的按钮开始注册。如果您已经注册，您现在就可以直接登录了。

“可以登录了。”爱德华多说，他的身体遮住了大部分屏幕，

“你需要一个与哈佛校园网络相关联的电子邮箱，然后再设置一个密码。”

“没错！”马克说。

在爱德华多眼中，与哈佛校园网络相关联的电子邮箱是关键，只有哈佛的学生才能进入网站。马克和爱德华多知道，这种限制会让网站变得更受欢迎，你的个人信息还会被秘密地保存在一个封闭的系统里。隐私很重要，人们希望能控制他们传到网上的东西。同样，人们还要设置一个密码。那个叫阿龙·格林斯潘的孩子曾让学生使用哈佛学生证号码和系统密码登录他的网站，给自己惹了不少麻烦。马克还和格林斯潘通过邮件，谈了谈自己的经历以及在广告委员会那里碰到的麻烦事。格林斯潘立马想和马克合作，就像文克莱沃斯兄弟和他们的哈佛联谊会网站一样。每个人都需要马克，但马克不需要其他人。他需要的一切都摆在他的面前。

“最下面的那是什么？”

爱德华多身体前倾，眯着眼读了一小行印刷体文字。

由马克·扎克伯格制作

这行文字会出现在每个页面上，就在屏幕下方。那是马克的签名，是马克留给大家看的。

即便爱德华多对此有意见，他也什么都没说。他有什么好说的呢？马克这么努力，他花了很长时间进行编程。马克几乎废寝忘食，他大概逃掉了一半的课程，也许他的平均绩点已经岌岌可危了。他有一门十分愚蠢的基础课叫作奥古斯都时代的艺术，他落下的太多了，他差点忘记这门课的考试成绩占总体成绩的比重很大。马克没有时间学习这门该死的课程，但他想出了一个特别的方法来改变这种情形。他快速弄了个小网站，把考试可能涉及的艺术品发到网上，请班里的同学前来评论，这相当于网上考试的小抄。其实，马克是让班里其他人帮他做功课，他最后通过了考试，也拿到了学分。

现在，马克坐在他的作品前，仿佛所有的付出都得到了回报。网站差不多要完成了。几周前（2004 年 1 月 12 日），他们注册了域名——thefacebook.com。马克他们已经从纽约州北部租好了服务器，每月大约 85 美元。服务器会负责网站的流量和维护。很明显，马克从 Facemash 的事件中吸取了教训，他的笔记本电脑再也不会被冻结了。服务器可以处理相当大的流量，所以即使这个网站像 Facemash 一样受欢迎，网站也不会出现瘫痪的状况。一切都准备就绪。

网站可以开始运行了。

“让我们开始吧。”

马克指了指桌子上的电脑。爱德华多移到了马克旁边，弓着身子敲击着电脑的键盘，他的肩向内缩。他迅速打开他的电子邮箱，并且指向了靠近屏幕上方的一组名字。

“这些都是凤凰社的成员，如果我把网址发给他们，那网址将会被迅速传开。”

马克点头表示同意。先把网址发给凤凰社成员是爱德华多的主意，他们毕竟是校园里的社交明星，而 TheFacebook 正是一个社交网络。凤凰社的孩子如果喜欢这个社交网络，就会把它发送给他们的朋友，那样网站就会被很快传播开来。凤凰社成员还认识许多女孩。如果马克只是把这个网址发给他邮箱列表上面的人的话，那网站只能在计算机系传来传去，当然还会在犹太联谊会内部传播，但肯定不能传到女孩们那里，这种情况是不理想的。

把网址发给凤凰社成员是个好主意。此外，马克还有住在柯克兰宿舍楼的学生的邮箱，他是宿舍楼的一员，有权获得邮箱信息，他可以把网址发给这栋楼的学生。

“好的，”爱德华多说道，他声音有些颤抖，“那我们开始吧。”

爱德华多写了一封简单的电子邮件，只有几行字，他大概介绍了一下网站，并附上了网站的链接。他深吸了一口气，敲下键盘，弹指之间把邮件群发了出去。

搞定了。爱德华多闭上眼睛，想象着小信息包快速传输，传向外面的世界。微弱的电子流从一台电脑跃到另一台电脑，就像巨大神经系统中的一道光。邮件已经成功发送。

“好了。”

“太好了。”

爱德华多把一只手放在马克的肩膀上，吓了马克一跳。

“我们去喝一杯吧！现在是庆祝的时候了！”

“不行，我得待在这里。”

“你确定吗？我听说一会儿有女孩要来凤凰社。她们把联谊巴士上的人都带来了。”

马克没有回答。此时，爱德华多可以从马克的表情看出来自己在打扰马克，就像旁边的散热器或窗外的汽车所发出的声音。

“你打算一直待在这儿盯着电脑屏幕看吗？”

马克没有回答。他在电脑前轻轻摇头，甚至是在祈祷。

这有些奇怪，但爱德华多决定不评价他这位木讷的朋友。何必呢？马克夜以继日地工作，为网站上线做准备。如果他想自己坐一会儿，看看电脑，又何尝不可呢？

爱德华多慢慢地向后退，悄悄走出这间小卧室。他在门口停留了一下，伸出手拍了拍门框，马克仍然没有回头。爱德华多耸了耸肩，转身离开了，把这个孩子独自留在电脑旁。

马克静静坐在那里，思绪在屏幕上飞舞，遐思游移于天地之间。

第 14 章　创意被偷走了？

泰勒在比赛区里，他双眼紧闭，后背上的肌肉条凸起。他的胸部上下起伏，四头肌、三头肌和前臂十分酸痛，握着双桨的手指已经变得苍白。船桨自如地进出水面，水面几乎没有泛起涟漪。卡梅伦坐在泰勒后面几英尺的地方，模仿着泰勒的动作，他们的动作完全同步且不断重复着。查尔斯河岸挤满了“粉丝”，泰勒几乎能听见他们的欢呼声，他几乎能看见那座桥离他越来越近。

“泰勒！你来看看这个！”

泰勒突然停了下来。船桨在他手中摇晃，水花向上溅起，把他的运动衫和运动短裤都弄湿了。他立马睁开眼睛——没有看到查尔斯河岸一闪而过，而是看到纽厄尔船库的内部。从 1900 年以来，那里一直是哈佛赛艇队的所在地。他看见一个像大厅一样宽敞的房间，墙壁上挂满了古老的纪念品，其中有船桨、船身和运动衫，还有框起来的黑白照片和满架子的奖杯。他还看见一个愤怒的孩子站在他面前，手里拿着一份《哈佛深红报》。

泰勒眨了下眼睛，放下手中的船桨，擦了擦脸上的水珠。他转过头看了一眼卡梅伦，卡梅伦也停了下来。他们两个人坐在水池边上，那是纽厄尔的两个最先进的水池之一。水池用于室内训练，池内有一艘坚固的八桨赛艇，它被装满水的巨大水沟围绕着。他们坐在水池边，身上都湿透了，泰勒知道他们可能看起来很可笑，但迪维亚没有笑，他笑不出来。泰勒看了看迪维亚手中的《哈佛深红报》，转了转眼珠。

“你拿的是什么，那份报纸是做什么的？”

迪维亚把报纸递给泰勒，他十分生气，双手都在颤抖。泰勒摇了摇头。

“你读一下吧，我全身都湿透了。”

迪维亚呼了口气，他特别气愤，打开报纸读了起来：“‘马克·扎克伯格等不及哈佛官方 facebook 的推出，他决定自己动手来建立一个网站’——”

“等一下，”卡梅伦插了句话，“那究竟是什么？”

“今天的报纸，”迪维亚回答道，“听下面的内容：‘扎克伯格花费了一周的时间进行编程，在周三下午建成了 TheFacebook 网站。网站在常规的宿舍 facebook 的基础上添加了详细的个人资料，学生可以搜索他人的课程、社群和宿舍楼。’”

泰勒咳嗽了一声。上周三下午吗？那是 4 天前啊。他们从没听说过与这个网站有关的任何信息，他和他的兄弟一如既往的像只动物一样在拼命训练。那段时间，他们几乎都没有查看过自己的电子邮件。

“真是疯了，”泰勒说，“他自己建了个网站吗？”

“没错，”迪维亚说道，“看，他们在文章中直接引用了马克的话。‘哈佛里每个人都在讨论学校通用的 facebook，’马克·扎克伯格说，‘我觉得学校花好几年的时间去做这件事有点儿傻。我能比他们做得更好，一周之内就能完成。’”

他能在一周之内完成？在泰勒看来，马克拖延了泰勒和哈佛联谊会两个月的时间，说自己有功课要做，假期也很忙，没有时间编程。天啊，泰勒觉得马克向他们当面撒了谎。其实，在不到两周以前，卡梅伦还给马克发了一封电子邮件，问马克一些有关哈佛联谊会网站的设计问题，可马克一直都没回复。他们还以为他一直忙着做功课。

泰勒在想，马克有时间创建自己的网站，难道就抽不出 10 个小时的时间为他们编程吗？

“更糟糕的是，马克说截止到昨天下午，已经有 650 名学生注册使用了 TheFacebook。他预计到今天上午为止，注册人数将达到 900 人。”迪维亚说。

真是怪了，这不可能是真的。难道 4 天之内有 900 名学生注册使用了 TheFacebook 吗？这怎么可能？马克根本不认识 900 个人，据泰勒所知，他连 4 个人都不认识。泰勒觉得马克没有朋友，也没有社交生活。他究竟是怎样建立了一个社交网站并在 4 天之内得到了这么大的反响？

“我一读到这个消息就立马去他的网站看了看。情况真的是不可收拾。如果你有哈佛的电子邮箱，你就可以上传照片、个人信息和学业信息。你可以根据兴趣进行搜索，当你找到朋友时，你们之间就会建立起社交网络。”

泰勒握紧了拳头。他认为马克的网站和哈佛联谊会不太一样，但也差不多。哈佛联谊会是根据兴趣爱好搜索他人，并以哈佛为中心。马克是不是借用了他们的想法从而开发了网站？这会不会是巧合？他可能本来是打算帮忙创建哈佛联谊会的，但恰好自己也想做一个？

不，这些都不可能。泰勒觉得，马克的行为看起来就是偷窃。

“我听说马克从他的朋友那里弄到了资金，他的朋友是个巴西人，名叫爱德华多·萨瓦林。爱德华多是凤凰社的成员，夏天时通过炒股赚了些钱，现在他是这个网站的合伙人。”

“是因为他出了钱吗？”泰勒问。

“我猜是这样。”

“那马克为什么不来找我们呢？”

马克肯定知道文克莱沃斯兄弟有钱，他应该知道他们是坡斯廉俱乐部的成员，所有人都知道那意味着什么。如果马克创建网站需要资金，他可以轻松地向泰勒或是卡梅伦提出来，除非他需要用钱的东西是从他们那里偷来的。马克创建网站对他们保密，是因为这和文克莱沃斯兄弟雇用他做的事情太相似了。严格来说，这不是雇用，因为文克莱沃斯兄弟从未提及要给马克钱，只说过如果他们获益了他也会获益。

他们之间没有签合同，也没有拟文件，只是握过几次手。泰勒低下头，看着水池里的水。他心想：他们当初为什么没有和马克做纸面约定呢，哪怕是胡乱写点儿什么，简单写在一张纸上也好，明确写上你做这个，我们做那个。恰恰相反，他们相信这个孩子。泰勒现在觉得马克利用了他们，搪塞了他们，哄骗了他们，然后他建立了自己的网站，还和他们的网站相似。

“这是最精彩的部分，”迪维亚又开始读《哈佛深红报》上面的报道，“马克说他希望网站的隐私选项能恢复他的声誉。他在秋季学期建立了 Facemash，那曾引起过公愤。”

泰勒的手狠狠拍向一只船桨，船桨向上溅起水柱。这几乎和他当初跟马克说的一模一样——哈佛联谊会能恢复他的声誉，马克将这句话原封不动地用在了《哈佛深红报》上，这让人觉得马克在嘲笑他们。

泰勒认为，马克拖了他们两个月，但在这个假期和冬季复习期，他都在忙着创建自己的网站，而且他还在不到两周的时间里建好了 TheFacebook，抢了他们的风头。泰勒觉得马克窃取了他们想法的精髓。

“我们该怎么办？”卡梅伦问。

泰勒也不知道，但他知道自己不能让这件事发生。他不能让那只黄鼠狼优哉游哉地活着。

“我们要先打个电话。”泰勒说。

泰勒把电话紧紧贴在耳边，心中怒火丛生。他正站在福兹海默楼的宿舍里，由于刚刚快速洗了个澡，身上还是湿的。他在肩上搭了块毛巾，穿了一条宽松的裤子。卡梅伦和迪维亚离他只有几英尺远，他们在他的书桌旁，通过泰勒的电脑浏览着马克的网站。泰勒每次朝那边看，看到屏幕上蓝色的页面，他的脸颊就变得炽热，眼中燃起怒火。这样做是不对的，这不公平。

在电话响到第三声的时候，他的父亲终于接电话了。泰勒最尊敬的人就是他的父亲，他是个白手起家的大富豪，在华尔街经营着一家非常成功的咨询公司。他的父亲一定知道如何处理这样一个难题。

泰勒讲电话的语速很快，他详细说明了发生的事情。他父亲对哈佛联谊会了如指掌，毕竟他们从 2002 年 12 月就开始弄这个网站了。泰勒谈了谈他们和马克之间的关系，然后提到了《哈佛深红报》对这件事的报道，以及他、卡梅伦和迪维亚都已经亲眼见过并登录过那个网站。

“有的地方看起来真的十分相似，爸爸。”

在泰勒看来，真正把马克的网站与 Friendster 之类的社交网站区分开的是网站的配置和限制性。你必须要有哈佛的电子邮箱才能进入网站，这也是他们的主意，即创立一个以哈佛为核心的社交网站。要求每个加入者拥有一个带有 .edu 域名的电子邮箱的主意非常新颖，这可能对网站的初步成功十分重要。那是一种筛选系统，能够使网站具有限制性和安全性。可能马克在 TheFacebook 中有许多设计都和他们不一样，但泰勒认为两者的整体想法太相似了。

马克和他们见过三次面，他们之间来往过 52 封电子邮件，这些邮件仍然在卡梅伦、泰勒和迪维亚的电脑上保存着。马克也看过他们的代码，他们能证明这一点。马克看过维克托已经完成的工作，还和他们详细地谈过他们需要做的事情。

“这与钱无关，”泰勒得出结论，“谁知道我们的网站到底能不能赚到钱？但这样做是不对的，这不公平。”

这不是正确的做事方式。泰勒和卡梅伦从小受到的教育是相信秩序的重要性和规则的重要性。你努力工作就会得到回报。也许在马克的黑客世界里，从他这个极客的世界观出发，事情是不一样的。你只是做想做的事情，你可以搞一个像 Facemash 一样的恶作剧网站，可以入侵哈佛的电脑，也可以蔑视权力并在《哈佛深红报》的文章中愚弄人们，但这是令人无法接受的。

那不是哈佛，哈佛是个有秩序的地方，难道不是吗？

“我会帮你咨询公司的律师。”泰勒的父亲说。

泰勒点了点头，试着让自己的呼吸舒缓一些，也让自己平静下来。他们确实需要一位律师，他们需要咨询专业人士的意见，看看他们能做些什么。

也许他们还能扳回一局，但那只是也许。

第 15 章　指控

向下看去，台上的那个男人看起来身材矮小，他趴在讲台上，脸几乎贴在了麦克风上。他穿着米色毛衣，肩膀看起来很瘦弱。锅盖形头发几乎要垂到眼睛上，特大号的眼镜遮住了他脸上大面积的雀斑，同时也遮住了他脸上的情绪和表情。他的声音在扬声器里回荡着，音调有些高，鼻音也有些重，有时又变成了单调的低音和单一的喉音，在听众的耳朵里一遍遍萦绕，最后和下一个单词融合在一起。

他不是一个出色的演说家，但他能出现在这里就令人激动不已。他站在演讲厅的前面，用苍白的手拍打着讲台。他向拥挤的人群展露智慧，同时脖子像火鸡脖子一样上下动着。听众大多是计算机系的工程师和极客，还有少数是有企业家抱负的经济学专业学生，他们对每个单词都十分留心。对聚集于此的追随者而言，这里就是天堂，讲台上那个留着锅盖头的男人就是上帝。

爱德华多坐在演讲厅的后排，他紧挨着马克，看着比尔·盖茨令听众着迷的场景。虽然盖茨的行为有些古怪和孤僻，但他还是想办法讲了几个笑话，有一个笑话是讲他为什么退学的（“我有一个不好的习惯，那就是不喜欢去上课”），他还加入一些充满智慧的观点。他认为人工智能就是未来，下一个比尔·盖茨很快就会出现——可能就是这间屋子里的某一位。当盖茨回答听众问题的时候，他谈到自己决定离开学校去创办自己的公司，这时爱德华多看到了马克脸上兴奋的表情。盖茨清了下嗓子，稍做停顿后，向听众说道，哈佛的一大优点是学生可以随时回来继续完成学业。盖茨说话的时候，马克好像笑了，这使爱德华多有些紧张——尤其是考虑到马克努力工作只是为了满足人们对那个新兴网站的需求这件事。爱德华多不会退学，他不可能这么做。首先，如果他这样做，他的父亲会大发雷霆。在萨瓦林家族看来，教育是最重要的，如果没有获得哈佛大学的学位，那么来哈佛上学就毫无意义。其次，爱德华多明白企业家精神就意味着承担风险，但风险仅限于某种程度。如果你不清楚某件事能不能让你变得富有，你就不会把未来全部压在这件事情上。

马克全神贯注地看着盖茨，而爱德华多一直看着马克，他几乎听不到身后传来的笑声。如果笑声过后的低语不是女孩的声音，爱德华多也不会转过头去看的。

盖茨还在低声讲述着，回答拥挤的人群提出的问题，爱德华多把头扭过去，他发现他后排的座位空无一人，空座的后面坐着两个女孩，她们一边笑着，一边用手指点着什么。她们都是亚裔女孩，长得很漂亮，但她们的打扮看起来和今天的讲座有些格格不入。那个高个子女孩头发乌黑秀长，她扎着高马尾，穿着一条短裙和一件白衬衫，衬衫上面解开了一颗扣子。爱德华多可以看到她那若隐若现的红色蕾丝文胸。另一个女孩也穿着同样的短裙，短裙内穿着黑色的紧身袜，衬托出她那雕塑般完美的小腿。她们都涂了大红色口红和厚重的眼影，两个人都非常漂亮，她们正在微笑，手指正好指向爱德华多。

好吧，其实是指向他和马克。那个高个子女孩身体前倾，趴在空座上，在爱德华多耳边轻声低语。

“你的朋友是马克·扎克伯格吗？”

爱德华多眉毛上扬。

“你认识马克吗？”凡事都有第一次。

“不认识，但他不是建立了 TheFacebook 吗？”

爱德华多浑身上下激动不已，他感觉到女孩在他耳边呼吸的温度，也闻到了她身上的香水味。

“他是建立了 TheFacebook，但这是我和他一起完成的。”

网站原名为 TheFacebook，但人们倾向把“The”省略掉，在校园里大多数人称其为“Facebook”。网站只建立了几周，但好像每个人都已经注册过了。据马克所说，网站现在已经有 5 000 名会员了。这意味着大约 85% 的哈佛本科生都在 TheFacebook 上填写了个人简介。

“哇，太酷了，”女孩说，“我叫凯莉，她叫艾丽斯。”

坐在女孩那排的其他人正在看着他们，但他们并没有因为爱德华多与女孩的对话影响了他们听比尔·盖茨的演讲而生气。爱德华多看到有人在指着他们，还有一个孩子在和他的朋友小声议论着什么。后来还有更多人指向这边，但他们指的不是爱德华多，而是马克。

现在大家都知道马克是谁了。对此，《哈佛深红报》起到了推波助澜的作用。它接连刊登文章报道这个网站，上周就刊登了三篇文章。文章中引用了马克有关网站的言论，甚至把他的照片也印了上去。没有人采访爱德华多，但爱德华多对此感到庆幸。马克希望得到关注，爱德华多只看重关注带来的好处，而非关注本身。这是他们创办的生意，众所周知十分重要，但爱德华多并不想因此成为名人。

就目前的情况来看，他们可能会成为名人。虽然 TheFacebook 只建立和运行了一小段时间，但它真正改变了哈佛学生的生活。它渗透到每个人的日常生活之中：你起床后会查看 TheFacebook 账号，看看谁向你发出了好友邀请，看看你发出的邀请是被接受还是被拒绝了，然后你才会去做自己的事情。如果你在课堂上看见或者在食堂碰见一个女孩，你回到家可以在 TheFacebook 上搜索她，然后向她发出好友邀请。你可以附上一些信息，解释你们是怎么碰到的，可以说你看到她的某个兴趣和你相同，也可以直接发出邀请，不附带任何信息，看看她是否知道你的存在。当她打开 TheFacebook 时，她会看到你的邀请，查看你的照片，可能会接受你的邀请。

TheFacebook 确实十分神奇，它能改变社交场合，让所有事情更快发生。但它并不是一个约会网站，爱德华多觉得 Friendster 才是一个约会网站。Friendster 和刚刚火起来的聚友网这种类型的网站只是为了寻找你不认识的人，并试着与他们搭讪。但 TheFacebook 不同，在这个网站上，你知道自己向谁发出了好友邀请，也许你不是十分了解他们，但你认识他们。他们可能是你的同学，是你朋友的朋友，或是某个社群的一员。你可以主动要求加入该社群，也可以通过某个你认识的成员邀请你进入。

这就是网站的天才之处，它其实是马克天赋的结晶，但爱德华多觉得他也是网站不可分割的一部分。他为服务器提供了资金，参与了网站某些特性的讨论，也阐述了网站简单化设计背后暗含的想法。

爱德华多和马克在建立这个网站的时候没想到它会让人上瘾。你不会只访问这个网站一次，你每天都会访问。你会一次次回到网站，更新你的位置，补充你的个人简介，更换你的图片和兴趣爱好，最重要的是不断扩展你的朋友列表。它把大学生活的大部分内容都搬到了网上，真正改变了哈佛的社交场所。

但它还不是一桩生意，只是一个非常成功的创新。爱德华多对此有些想法，讲座结束之后，他和马克打算回到宿舍楼讨论这些想法。他想让马克明白，现在是拉广告商的时候，他想通过广告让TheFacebook 商业化运作。爱德华多知道向马克灌输这个想法不是件容易的事情，马克只想让它成为一个趣味网站，还不打算靠它赚钱。况且马克在中学时期曾拒绝了百万美元的工作邀请，谁知道他想不想让 TheFacebook 商业化运作呢？

爱德华多有着不同的世界观。TheFacebook 花的是他的钱。钱虽然不多，只是花在租用服务器上，但随着越来越多的人加入，费用自然会增加。爱德华多投在网站上的 1 000 美元总会有花完的一天。

如果公司没有确定某种赢利模式，没有想出怎样靠 TheFacebook 赚钱，那这个网站还只是一个创新。网站的价值必然会上涨，但要想将其价值转化为现金，就需要广告商的加入。他们需要一种商业模式，需要坐下来仔细讨论。最重要的是，马克需要让爱德华多做他最擅长的事情，那就是立长远目标。

“很高兴认识你们。”爱德华多终于轻声回应了那两个女孩，她们又笑了起来。那个高个子女孩凯莉靠得更近了，她的嘴唇都快要碰到爱德华多的皮肤了。

“你回宿舍后我们在 TheFacebook 上见，也许我们稍后能一起出去喝一杯。”凯莉说。

爱德华多觉得自己双颊绯红。他转过头看着马克，马克也正在看他。显然，马克也注意到了那两个女孩，但他居然没有和她们说话。马克扬了下眉毛，随后又将注意力转移到盖茨身上。盖茨是马克的偶像，也难怪他把别人都抛在脑后。

两个小时后，爱德华多和马克终于回到了马克位于柯克兰楼的宿舍，宿舍里温度很高。爱德华多心不在焉地在一堆电脑书里挑来挑去，堆起的书比角落里的小彩电还要高。沙发放在公共区域的中间，马克坐在破旧的沙发上，光着的脚搭在他前面低矮的咖啡桌上，他终于提到了刚才见到的女孩。

“那些亚裔女孩真漂亮。”

爱德华多点了点头，他翻开一本书，试着理解封面的含义，封面上有许多方程式，他觉得自己永远都弄不懂这些东西。

“是啊，她们想在今晚晚些时候与我们见面。”

“那一定会很有趣。”

“应该是吧。马克，这是什么？”

一张纸从计算机课本里滑了出来，正面朝上落在了爱德华多的皮鞋上。爱德华多弯着腰都能清楚地看到法律信函式样的标题和文字。那是一封来自某个康涅狄格律师事务所的信，看上去十分严肃。这封信是写给马克·扎克伯格的，但爱德华多从第一句话就可以看出这也和他有关。TheFacebook 这个词相当醒目，还有“损害”

和“盗用”这样的字眼。

发件人：卡梅伦·文克莱沃斯

发送时间：2004 年 2 月 10 日周二晚上 9 点

收件人：马克·扎克伯格

主题：重要通知

马克：

我们（泰勒、迪维亚和我）注意到你建立了一个叫 TheFacebook 的网站。在此之前，我们和你达成了一项协议，即你帮助我们开发我们的网站（哈佛联谊会）并按时完成（请特别注意网站的启动窗口很快就要关闭了）。

在过去的三个月，你违反了我们之间的协议，你的不实陈述、欺诈或其他可控告行为对我们造成了物质上的损失。为此，我们认定你应该赔偿我们的损失。你拖延了网站的开发计划，在我们不知情或未同意的情况下开发了自己的网站，并与我们的网站展开了不公平的竞争。你还滥用了我们的工作成果，包括我们的主意、想法、概念和研究成果。

根据以上法律因素，目前我们已经通知我们的律师并准备采取行动。

我们还准备就你违反学生手册上的道德行为准则的事情向

哈佛行政委员会提出申诉。请注意我们申诉的依据是你违反了学校的规定，你在与同学交往时没有做到诚实和坦率。你违反了尊重他人的财产和权利的准则，也缺乏对他人人格的尊重。根据法律规定和道德准则，盗用也是一种可控告的行为。

为了阻止这些行为，我们要求你采取如下措施，直到我们全面评估了你的网站并决定采取什么行动为止：

1. 终止 TheFacebook 的进一步扩大和所有更新活动；
2. 书面告知我们你已经执行我们的要求；
3. 书面告知我们你不会向第三方透露我们的工作成果、协议及要求；
4. 这些要求必须在2004年2月11日周三下午5点之前做到。

即使你遵守了上述要求，我们仍然保留权利，用来采取其他行动来进一步保护我们的权利并挽回你对我们造成的损害。你的配合能避免进一步侵犯我们的权利，造成更多的损失。

如果不能达到上述要求，我们将依据法律和道德准则立即采取措施。如果你有任何疑问，欢迎给我发送电子邮件或与我碰面。

卡梅伦·文克莱沃斯

副本也同时通过学校邮件发送

“我觉得这封邮件是在要求我们终止网站活动，”马克嘟囔道，他靠在沙发上，头枕住双手，“那两个女孩叫什么名字？我喜欢矮个子的那个。”

“你是什么时候收到这封邮件的？”爱德华多没有理会马克的问题，张口问道。他感觉血液正涌向他的头部。他伸手捡起邮件，快速读了一遍，对方的语气看上去相当紧张。信件通篇都在指控，并且信件最后清楚说明了指控者是谁——泰勒·文克莱沃斯和卡梅伦·文克莱沃斯。他们指控马克偷窃他们的主意和代码，并要求他和爱德华多关闭 TheFacebook，否则他们将面临诉讼。

“一周以前，就在我们刚刚建好网站的时候，他们就发了一封电子邮件，邮件中说他们准备向学校起诉，还说我违反了哈佛的道德准则。”马克说。

我的天啊！爱德华多盯着马克，但和往常一样，他未能从马克那毫无表情的脸上读出任何东西。文克莱沃斯兄弟是在控诉马克盗用他们的主意吗？还是指控马克偷用他们的约会网站？他们是想让 TheFacebook 关闭吗？

文克莱沃斯兄弟能那么做吗？马克确实和他们碰过面，也和他们互通过电子邮件，让他们有所期待。但马克没跟他们签过任何合同，也没写过任何代码。在爱德华多眼里，TheFacebook 与众不同。它是一个社交网站，但社交网站没有数百个也得有几十个。校园里计算机专业的每名学生都在开发社交网站。那个叫阿龙·格林斯潘的孩子甚至还把他的部分网络门户叫作“the facebook”呢，这是否意味着他们都可以相互起诉？起诉原因只不过是大家有类似的想法。

“我和法学院的一个三人组谈过，”马克说，“我写了封回信，还给学校写了一封信，信就在那本书下面。”

爱德华多伸手去拿书堆里的另一本计算机课本，他找到了第二封信，这封信是马克写给学校的。爱德华多快速浏览了一遍，立马感到惊讶，同时也觉得开心，因为他看到马克在回复文克莱沃斯兄弟的信中流露出了真实的情感。马克明确告诉学校，TheFacebook与他为文克莱沃斯兄弟所做的事情没有任何关系。

> 起初，我对那个项目比较好奇，并受邀完成网站的连接部分，但我在与你们碰面之前就开始创建 TheFacebook 了，而且我没有使用哈佛联谊会的任何一个代码，也没有模仿其任何一个功能。TheFacebook 是另一种尝试，没有采用我们碰面时讨论过的任何想法。

此外，马克还觉得他在和他们第一次碰面时被愚弄了，那对双胞胎对他们想要他做的事情陈述有误。

> 在项目的开始阶段，我认为其没有商业倾向，初衷就是开

发一款趣味性产品，为哈佛学生提供便利。后来，我意识到我对这个网站的看法与它当初被描述的样子不符。

而且，马克根本就没有让他们空等。

我们在 1 月见面时，我就表达了自己对网站的疑问（比如哪里放图表，还有多少编程工作需要我完成，必须解决硬件缺乏的问题，网站缺少帮助其成功上线的动力，等等）。我告诉过你们，我在做其他项目，而且这些项目比完成你们的网站更重要。

马克因为与卡梅伦、泰勒和迪维亚在柯克兰宿舍楼的食堂碰过几次面并互发过一些电子邮件而被那对双胞胎威胁，他对这件事感到震惊。马克把他们的诉求看成“恼人的事情”，他对此置之一笑，觉得文克莱沃斯兄弟就是眼看他做成了某件事，想借机揩点油。

爱德华多觉得马克说得有点儿过火了，因为 TheFaceboook 还没赚到一分钱，文克莱沃斯兄弟不缺钱。但看到马克站出来为自己辩解，他还是很高兴的。

爱德华多内心平静了一些，他把这两封信一同放回那堆计算机课本上。如果马克没被吓到，那他也不会被吓到。毕竟爱德华多没有见过那对双胞胎，他不是电脑天才，只能通过马克告诉他的两个网站的不同点来了解情况。根据马克的描述，这件事就像是一个家具制造商控告别人设计了一把新款式的椅子，可市场上有成千上万款椅子，制造出某种款式的椅子并不意味着某人有权拥有全部椅子。

这也许是看待问题的一种简单方式，但他们是大学生，不是律师。他们最不想做的事就是打官司。除了网站之外，重要的事情可能就是让他们平息。

“她们分别是凯莉和艾丽斯——”爱德华多开始回答马克的问题，但他还没说完，宿舍的门就开了，门差点撞到爱德华多的背部。爱德华多转过头，看到马克的两个室友走了进来，这两个人看上去风格迥异。

达斯廷·莫斯科维茨走在前面，他有着一张娃娃脸，发色很深，眉毛浓密，黑色的眼睛里透出坚定的神情。他喜欢安静，性格有些内向，是经济学专业的学生，也是一个电脑天才。他为人友善，是个相当不错的小伙子。克里斯·休斯相对来说是比较高调的一个人。他有一头浓密的金发，性格外向，率直开朗，他在北卡罗来纳（美国东南部大西洋沿岸的一个洲）的山核桃产区上过学，所以说话带点儿南方口音。在中学时期，克里斯是青年民主社团的主席，在许多自由话题上，他就是一个活跃分子。他算得上一位时尚达人，还曾使爱德华多成为他们那群人中穿衣最潮的。爱德华多还是喜欢中规中矩的夹克衫和领带，而克里斯喜欢名家设计的衬衫和短裤。正是因为他的打扮，马克有时会叫他“普拉达”。

马克、爱德华多、达斯廷和克里斯他们 4 个人都不是哈佛的社交精英。其实，他们没有什么社交生活，与培养罗斯福的大学根本不搭边。他们都是各具特色的极客，他们聚到一起，也是为别的事情。

马克开始了他们之间的对话，因为他已经决定了一件事。爱德华多很快就意识到马克的世界中事情的运行方式。TheFacebook 发展迅速，马克已难以应对。他可能通过不了他的一些课程。如果他想让 TheFacebook 继续发展下去，他就需要别人的帮助。

在电脑方面，达斯廷可以处理一些马克不能亲自做的事情。克里斯比较健谈，比他们任何人都强。因此，他可以负责宣传和推广。到目前为止，《哈佛深红报》是一个不错的盟友，马克大一时曾为《哈佛深红报》做过一些 IT（信息技术）方面的工作，所以报纸上才会出现赞美他的文章。另外，他们需要保持较高的媒体曝光率，因为 TheFacebook 主要是为了让人们兴奋，让人们有登录的兴趣。

爱德华多仍负责处理商业方面的事务——如果真的有与商业相关的事情的话。他们 4 个人是一个团队，将把 TheFacebook 推向下一个发展阶段。他们每个人都会有一个头衔，爱德华多将成为 CEO（首席执行官），达斯廷将成为副总裁和编程主管，克里斯将成为宣传总监，马克则是创始人、统领者和指挥官，也是国家的敌人。这是马克的说法，也是马克式幽默。

爱德华多仔细聆听，思考着这意味着什么。他知道，如果只有他和马克两个人，事情要简单得多。他也明白，经营一家公司就要雇用员工，可他们根本就没有收入，无法支付这些费用。因此，唯一的办法就是增加合伙人。马克的室友很聪明，也值得信赖，他们和马克一样都是极客，这无论如何都应该算是一项宿舍经营的生意。

爱德华多赞同对领导层的新安排，也同意重新分配股份。达斯廷将获得公司 5% 的股份，克里斯的股份则取决于他所做的工作的多少。马克将自己的所有权降至 65%，爱德华多将占有 30% 的股份。这看起来非常公平。不管怎样，目前还没有任何钱进账，何必计较在一个虚幻的东西中占有 30% 的份额呢？

股份分配好之后，马克说："我认为生意需要做的第一件事就是把 TheFacebook 推向其他学校。扩张似乎是自然而然的事情。"

他们已经征服了哈佛，现在是时候看看他们的模式能走多远了。他们同意先从几个名校开始，就从耶鲁大学、哥伦比亚大学和斯坦福大学开始。网站将继续保持它的限制，你必须拥有这些学校的电子邮件地址才能加入。最终，这个社交团体将会变大，他们将允许跨校合作。所以 TheFacebook 必须要做大。

"但我们也必须开始和广告商磋商，"爱德华多附和道，他不想搁置这个话题，“我们需要开始商业化运作。”

马克点头表示同意，但爱德华多心里明白，马克并非完全赞同。马克知道他们应该赚取足够的钱来抵销服务器的租赁费用，除了维持网站运行的必需成本外，马克似乎并不关心钱的问题。爱德华多却不这么想。

爱德华多心里开始觉得，网站会让他们变得富有。他环顾整个房间，注视着聚在一起的这几个优秀极客，觉得仿佛没有什么事情能阻挡他们。

4 个小时后，爱德华多冲进洗手间，他的心怦怦直跳，他的意大利皮鞋也在铺满瓷砖的地板上打滑。那个高个子苗条的亚裔女孩叉开腿坐在他身上，光着的长腿缠绕在他的腰间。她的裙子向上翻着，爱德华多把她按在了洗手间隔间的墙壁上，她柔软的身子向前弓着。他的双手在她敞开着的白衬衫里游走，摸着她那柔软的红色文胸，手指也在她那坚挺的、丰满的双乳上徘徊，触摸着她那完美细腻的黄皮肤。她喘息着，嘴唇贴在他的脖子上，伸出舌头舔他。爱德华多全身都开始颤抖，他摇摇晃晃地向前，更用力地把她往墙壁上推，他感觉她在他怀里扭动。他把嘴唇贴在她的耳朵上，她又开始喘息了……

紧接着，另一个声音也在洗手间回荡。在隔间的另一侧，有什么东西重重地撞在墙上，然后打情骂俏的声音传来，还有笑声。但笑声很快就止住了，被轻柔的呻吟声取而代之，此外还有唇齿相碰的声音。

爱德华多咧嘴笑了，现在他和马克不仅共享了一个网站，也共享了一段经历。宿舍楼的男洗手间虽然不是怀德纳图书馆的书堆，但也是一个特别的地方。

爱德华多的思绪又回到把腿缠绕在他腰间的女孩身上，在隔间发出的声音的刺激下，他突然有了一个想法，这使他情不自禁地笑了起来。

他们都有了自己的女"粉丝"。

而且，他也意识到自己看错了一些事。

发明一个电脑程序真的可以让他约到女孩。

第 16 章　天真时代结束

坐在前台的女人尽量使自己不去看那对双胞胎。她心不在焉地摆弄着自己的名片盒，手指在纸上来回摸索，但泰勒时不时可以看到她那双浅绿色的眼睛在快速地眨动。她情不自禁地往泰勒他们那边看，他们紧挨着坐在一张沙发上，沙发摆放在她桌子前面的等候区内，坐上去并不舒服。泰勒没有责怪她，她看起来好像和大厦一样疲倦，如果他和他的双胞胎兄弟能为这个可怜巴巴、工作过度劳累的女人带来一丝快乐，那么这就是他们今天做的善事了。如果泰勒早料到今天会有这样一个让别人开心的任务，他和卡梅伦会穿得一模一样，就像他们刚学走路时那样。穿着一身条纹睡衣，戴着童帽出现在哈佛校长的办公室里会显得有些失礼，还是深色运动衣搭配领带看上去更合适一些，可办公室外的接待员似乎不在意他们的穿着。不管她怎样竭力掩饰，她还是在情不自禁地看着他们。再说，现在谁还用名片盒呢？

其实，经过上周的事情之后，泰勒不会再抱怨别人的目光。他已经厌倦了被人忽视。首先，福兹海默楼的高级导师对他们的遭遇表示同情，但导师只是把他们的投诉信转交给了广告委员会。然后，广告委员会的系主任也对他们表示同情，他们通读了文克莱沃斯兄弟对马克长达 10 页的投诉信，可是他们觉得不论出于什么原因，这件事都不在他们的管辖范围之内。马克也亲自回复了他们那封要求终止 TheFacebook 的邮件。马克坚称，在 1 月 15 日与他们最后一次碰面之后，他才开始创建 TheFacebook 网站。这看似很奇怪，因为他在 1 月 13 日就已经注册了 TheFacebook 的域名。马克还说，他只不过在免费帮同校同学的忙，那只是一种慷慨行为，泰勒他们的网站跟他的完全不同。

马克对泰勒和其他伙伴的回复如此强烈，这让他们想直接和马克联系。他们给马克发邮件、打电话，想与他碰面。在某个时刻，马克已经同意了会面，但出于某种原因，他只想和卡梅伦见面。后来，那个碰面又落空了，他们之间又失去了联系。泰勒觉得这样也好，自己无论如何都不能再相信马克了。在他看来，马克当着他的面都能撒谎，即使见了面，又有什么用呢？

所以他们来到这，相互紧挨着坐在一张沙发上，任由接待员盯着看，沙发好像和马萨诸塞堂一样古老。对泰勒而言，这里的一切都年代久远。马萨诸塞堂建于 1720 年，是哈佛校园里最古老的建筑，同时也是美国最古老的两座大学建筑之一。大楼的入口与楼垂直，著名的约翰·哈佛的雕像就竖立于此。学校导游经常带领优秀的学生畅游在哈佛校园，他们总是把这个雕像称为“谎言雕像”，因为雕刻在它基座上的话——“约翰·哈佛，哈佛创立者，1638 年”实际上是假的，那并不是约翰·哈佛的真正雕像，他也没有创立哈佛，哈佛实际上创立于 1636 年。即便如此，雕像也常常成为其他常春藤学校学生恶搞的对象。达特茅斯大学的学生在他们的足球队到来之际会在雕像上涂些绿色的东西，耶鲁大学的学生会涂些蓝色的东西，或者在雕像的膝盖上放一个斗牛犬的复制品。每个学校都有自己的传统，哈佛的学生会在半夜走到雕像旁，在雕像的脚上撒尿，据说这样能得到好运气。

泰勒在想他和他的兄弟在经过雕像，进入马萨诸塞堂之前是否应该进行一个撒尿仪式。他们需要好运气。拜访哈佛校长并非易事，但凡能用到的关系，他们都利用了——家庭人脉、坡斯廉俱乐部的关系以及朋友的朋友的关系。现在他们既然坐在那里，在校园最高权力者的办公室外面等候，就很难驱散笼罩在心头的不安。

接待员桌上的电话突然响了起来，泰勒差点从沙发上滑下来。那个女人握着听筒，点了点头，然后就朝他们看了一眼。

“校长现在要见你们。”

她指了指她右侧的一扇门。泰勒深吸一口气，跟着他的兄弟向门口走去。当卡梅伦伸手去握门把手时，泰勒冲那个女人笑了一下，仿佛在默默祈求她祝他们好运。至少，她也冲着他们笑了。

校长的办公室比泰勒想象的要小，但装饰精美，展现出了真正的学术风范。一堵墙上摆满了书，大木桌、几张古典式样的边桌和具有东方风情地毯上的小小休憩处上面都摆满了书。泰勒发现桌子上有一台台式电脑。这台电脑意义非凡，这是放在校长办公室里的第一台电脑。哈佛的前任校长尼尔·鲁登斯坦不喜欢电脑，他不允许电脑出现在他的办公室里。现任校长萨默斯能够在技术上领悟电脑的好处是一个好迹象，至少他有可能理解这件待解决的事情。

除了电脑，那些古典的边桌也能让泰勒对校长有所了解。桌子上摆放着他孩子的照片，旁边还摆放着萨默斯与比尔·克林顿和阿尔·戈尔的合影，照片上有他们的签名，还用相框装了起来。照片旁边是一张框起来的一美元钞票，上面有萨默斯的亲笔签名，代表着他在 1999—2000 年担任美国财政部部长的时代。萨默斯本科毕业于麻省理工学院，之后在哈佛获得了经济学博士学位，后来成了学校历史上最年轻的终身教授之一，年仅 28 岁。他在华盛顿工作期满之后又回到哈佛，成为哈佛第 27 任校长。他资历极深，泰勒知道只有萨默斯才有能力介入并解决这件事。

当他们走进校长办公室时，萨默斯坐在他桌旁的皮椅上，正在通电话。他的行政助理坐在几英尺外的地方，她是一个非裔美国人，面容和蔼，看上去 40 多岁，穿着中规中矩的套装，衣服与房间的装饰很协调。她挥手示意他们两个人进去，指着桌子前面的椅子让他们坐下。

萨默斯还没挂掉电话，可他一直看着他们，直到他们就座。他又小声讲了几分钟电话。泰勒想象着电话的另一端可能是正飞往某个演唱会现场的比尔·克林顿，或者是在森林里怜悯树木的阿尔·戈尔。

萨默斯终于挂断电话，他开始打量他们二人。他的脸又短又宽，头发稀疏，下巴短得几乎看不出来。他的眼睛像扫描仪一样在泰勒和卡梅伦的身上来回扫视。

萨默斯身体慢慢前倾，他胖乎乎的手在办公桌上摸索着，手指碰到一叠打印纸，他捏住纸的一个角，然后举了起来。泰勒立即就认出那是他和卡梅伦打印出来的长达 10 页的投诉信，信中详细描述了他们与马克·扎克伯格之间的交流，以及他们往来的各个时间点，从迪维亚发出第一封电子邮件开始，到《哈佛深红报》发表文章报道 TheFacebook 创立为止。他们为那 10 页纸做了大量的工作，文克莱沃斯兄弟想尽一切办法来到校长办公室，这十分振奋人心。

但萨默斯随后的举动让泰勒和卡梅伦都感到非常吃惊。他没说一句话，只是捏着纸的一个角，举在胸前，仿佛那 10 页纸一无是处。他向后仰靠在椅子上，把脚搭在桌子上，用厌恶的眼神盯着他们兄弟俩。

“你们为什么来这儿？”

泰勒咳了一声，脸迅速变红了。他看了一眼那个非裔美国人，她在尽职尽责地记笔记，已经把萨默斯的问题记在了一张空白的条格记录纸上。

泰勒把目光移回校长身上。萨默斯的话里明显带有蔑视的语气。泰勒做了个手势，指了指校长手里拿着的那叠纸。泰勒指着他和卡梅伦寄往校长办公室的信件的第一页，简要地介绍了一下他们的情况。

写给哈佛校长劳伦斯·萨默斯的一封信

亲爱的萨默斯校长：

我们（04 届卡梅伦·文克莱沃斯、04 届迪维亚·纳伦德拉、04 届泰勒·文克莱沃斯）给您写信，希望您能会见我们。我们想就最近提交给广告委员会却被拒绝的一项投诉与您谈一谈。我们要投诉一名大二学生，他在与哈佛同学交往时不诚实、不坦率，他的行为违反了行为准则。对此，我们证据充分，学校的学生手册中有如下规定：

“学校希望所有学生在与本校其他成员交往的过程中能诚实守信、乐于助人。”

我们想简要地给您介绍一下事情的经过。本学年初，我们三个人联系上了这个学生（和我们之前找的学生一样），让他为我们的网站工作。他同意为我们的网站工作，这也开启了我们之间三个月的工作关系。但在这三个月中，这个学生违反了我们之间的协议，我们相信了他的不实陈述，这给我们造成了实质上的损失。他拖延了我们网站的开发进度，同时着手建立自己的网站（thefacebook.com），并与我们的网站展开了不公平的竞争。这一切都是在我们不知情或未经我们同意的情况下进行的。

广告委员会认为这件事不在学术及其相关范围之内，但我们坚信这个学生的行为完全违反了艺术与科学学院在 1970 年 4 月 14 日采纳的有关权利和义务的规定，具体如下：

“一个人进入大学之后，就意味着加入了一个具有理想化特征的团体，这些特征包括言论自由、探索自由、学术诚信、尊重他人人格以及对有建设性的变化持开放态度。”

我们认为您作为学校的领导，应该知晓那些有损行为准则和学校规定的事情。我们认为如果哈佛对此事坐视不管，将在学校内外产生长期的负面影响。因此，我们希望如果您有时间，能尽早安排我们与您见面，并就此事与您交谈。谢谢您。

此致

敬礼！

04 届学生卡梅伦 · 文克莱沃斯

04 届学生迪维亚 · 纳伦德拉

04 届学生泰勒 · 文克莱沃斯

校长沉默了几秒，他至少可以利用这个时间假装重读一遍他们的信。泰勒清了下嗓子。

“我觉得这件事是不言自明的，是马克偷了我们的想法。”

“那你想让我做些什么呢？”萨默斯问。

泰勒惊愕地看着校长。他转过头看了下他的兄弟，卡梅伦也目瞪口呆，他张开嘴巴，看着校长的手像钳子一样抓着纸晃来晃去。

泰勒眨了下眼睛，心中的愤怒很难驱散惊愕。他指着校长身后的书架，他能清楚地看到这些年的哈佛手册。每位新生在入学时都会得到一本哈佛手册，里面列出了学校全部规章制度，以及管理者应践行的行为准则。

“偷窃他人想法的行为违反了学校的规章制度，”泰勒说，随后又根据自己的记忆引用了手册里的一段话，“‘学校希望所有学生在与本校其他成员交往的过程中能诚实守信、乐于助人。所有学生都应尊重个人和大众的所有权，偷窃、挪用、滥用或损害财产及物品将受到纪律处分，行为严重者会被勒令退学。’如果马克闯进我们宿舍拿走我们的电脑，您会把他赶出校门。但是，他做的事比这严重得多。他夺取了我们的想法和工作成果，学校应该介入这件事，坚守哈佛的道德准则。”

萨默斯叹了口气，把那 10 页纸扔到桌子上。泰勒看着它们落在一堆颜色鲜亮的魔术球旁边。传闻那些球是前任校长留给他的，因为校长要像变魔术一样灵活巧妙地解决人、事、项目和问题。泰勒可以从萨默斯脸上的表情看出，他和他的兄弟将被巧妙地打发出这个房间。

“我看过你们的投诉，也看过马克的回复，我认为这件事与学校无关。”萨默斯说。

“不是有道德准则吗？”卡梅伦插了句话，一时忘记了他们面对的是校长，只知道面前这个胖乎乎、态度轻蔑的男人对他们付出的所有努力胡说八道。“不是有道德准则吗？如果不对事情进行评判，那道德准则有什么用？”

萨默斯摇了摇头，他的面颊也随着这个动作左右晃动，就像风暴中泛起的波纹一样。

“你只是与学校在道德准则方面达成共识，可并没有与同学达成协议。这是你们几个人和马克·扎克伯格之间的事。”

泰勒瘫在座位上。他觉得自己被校长、这个体制和这所学校背叛了。他一直都觉得自己是哈佛大学的一员，是这个高尚、有秩序的世界的一员。而眼下这位名义上的校长告诉他团体是不存在的，极客应该自己管自己。马克入侵了这个系统，但这不是萨默斯的问题。

“但学校有义务维护行为准则——”

“学校没有能力解决这样的问题。这是学生之间的技术纠葛。”萨默斯说道。

“那您建议我们怎么做？”泰勒失落地问道。

萨默斯耸了耸肩。他的肩膀圆润，看起来像是衬衫里塞了两个被捕的猎物。从他的沉默可以看出，他真的不在乎泰勒和卡梅伦如何解决这件事。

“和他一起解决，或者通过其他方式解决，比如法律途径。”

泰勒知道他在暗示什么。要么和马克当面谈谈——但这根本没有用，马克非常愿意当着他们的面撒谎；要么起诉他，但这似乎是一个更让人讨厌的选择。

这真的令人沮丧。学校校长让他们自行解决这个问题，管理层也对此置之不理。TheFacebook 在校园里广受欢迎，马克的名气变得越来越大，网站的人气也在日益增长。从根本上讲，校长认可了马克的成功。

也许萨默斯真心认为文克莱沃斯兄弟没必要投诉这个孩子。他可能相信了马克写的东西——两个网站差别很大，文克莱沃斯兄弟只不过是因为他们的网站没先上线而感到生气。也许萨默斯根本就不在乎这件事。

萨默斯挥手示意他们离开，泰勒立刻从椅子上站了起来。

泰勒意识到，他们现在唯一要做的事情就是去找马克。但当他带着他的兄弟走出校长办公室时，他回头望了一眼，看到那个胖乎乎的男人又走到电话旁。泰勒知道自己会将此刻铭记于心，因为他强烈地感觉到此刻意味着他天真时代的结束。

对泰勒·文克莱沃斯来说，不论对错，马克就是盗用了他们的想法并将其据为己有。

如果在哈佛可以我行我素，那么马克·扎克伯格就能侥幸逃脱。

第 17 章　寻求第三场胜仗

不难想象在2004年3月的某个早晨发生了某件事，这个时刻只在回忆中才具有历史意义：肖恩·帕克的耳朵里突然传来一段音乐，那个音乐声把他吵醒了，他睁开了眼睛。肖恩咧嘴笑了笑，他早晨经常笑着凝视空白的天花板，努力回想他到底在什么地方。他揉了揉眼睛，然后伸了个懒腰，感受到大羽绒枕头那清爽舒适的面料——他想起来了。

肖恩躺在床上，床紧紧地抵着色彩柔和的墙壁，他的头陷在枕头之中。他的头发乱糟糟的，那头褐色卷曲的头发缠在一起，铺散在面料柔软的枕头上。现在才早晨6点，他穿着一件T恤衫和一条运动裤，他的阿玛尼夹克、深黑色的唐可娜儿牛仔裤和普拉达衬衫挂在洗手间门后的挂钩上。

肖恩露出了坏笑，他的嘴角上扬。没错，肖恩知道自己在哪里，那里是个非常可怕的地方。

肖恩环顾了这间小卧室，看到了一个小小的木质梳妆台、一个摆满书的书架、角落里的台灯和微型床头柜上休眠的笔记本电脑。房间里到处都是衣服，地板上、书架上甚至连台灯上都挂着衣服，但肖恩并不介意，这些衣服大多数都是他的，那些不是他的衣服相当性感。他看见了一个花边文胸、一条超短裙、一件吊带衫和一根装饰皮带——这是加利福尼亚的大学女生都热衷的装束。即便是在斯坦福，情况也是如此。这里比较偏北，棕榈树的叶子在雾里比在阳光下更容易下垂。斯坦福大学的女生和加利福尼亚的女生装扮相同，她们不在乎学校的威望地位，也都是金发美女。让那些黑发女郎去掌控常春藤学校吧，西部是金发美女的天下。

肖恩用一个胳膊撑起自己。他不知道他房间里的文胸、裙子、吊带衫和皮带是谁的，他觉得要么是他室友的客人的，要么是来这里看望他的人的。他也不清楚这些衣服为什么会出现在他的房间里。他也许认识那个女孩，也许不认识。不管怎样，那个女孩也许认识他。似乎斯坦福大学的每个人都认识肖恩·帕克。这有点儿搞笑，因为肖恩不是斯坦福大学的学生，但他住的这栋楼里住着许多斯坦福大学的学生，这栋楼就在学校旁边，它只是宿舍的延伸楼。肖恩不是斯坦福大学的学生，他甚至都没上过大学，但他是校园红人。

他没有他原先的商业伙伴肖恩·范宁那么出名，但大家都知道他们俩的故事。这两个少年创建了一个叫作 Napster 的文件共享网站，改变了唱片行业，各个地方的大学生可以通过这个网站免费获取他们想听的音乐，可以在宿舍的隐秘环境中与他人在网络上共享音乐。Napster 取得了巨大的成功，这一创新改变了世界，同时也引爆了某种潮流。

肖恩与范宁是在一个网络聊天室认识的，那时他们都还是中学生，他们共同创建了 Napster，它不仅是一家公司，更是一项创新。Napster 可以让人们免费下载音乐，有电脑的孩子都能得到他们想要的音乐。自由是摇滚乐的真谛，也是网络应有的模样。

当然，唱片公司不这么认为。那些唱片公司像哈耳庇厄[①]一样对这两个孩子发起了疯狂的进攻。肖恩他们也进行了反击，但结果早已不言自明。有些人认为这是肖恩·帕克的错：一些书面报告显示，他写的一些电子邮件在打官司时帮了唱片公司的忙。这种愚蠢轻率的行为使 Napster 败诉，但可以看出来，这既是肖恩的问题，同时也是他的优点。他总是把什么都讲出来，内心没有秘密。

而且他从不后悔，后悔不是他的风格。

当然，Napster 垮掉之后他本可以缩成一团懊悔，或者跑回家去找父母。然而事实与之相反，肖恩又回到了那匹“硅马”上。在短短的几年之后，他和他两个最要好的朋友想出了一个主意。这

① 哈耳庇厄，希腊神话中的一种怪物。——编者注

次，他们瞄准了电子邮件和联系信息。这次也是从免费系统做起，这个小程序起初只能发送请求、申请更新信息，后来发展成可以长期自行修复的在线商业名片系统。肖恩他们将这个公司命名为Plaxo。

在肖恩看来，Plaxo 也引爆了潮流。Plaxo 不仅是一家公司，它的发展也相当不错，现有业务可能价值上千万美元。但肖恩已经不参与其中了，他完成了他的任务，这事儿也就过去了。他认为自己被赶出了公司，但实际情况比传言更糟糕。

说它糟糕，是因为肖恩觉得有一个真正的恶棍参与其中。这个恶棍城府很深且十分古怪。他是威尔士人，腰缠万贯，还是个自大狂。是肖恩先提出让这个风险投资怪物加入的，因为他觉得 Plaxo 需要钱，也以为自己知道如何应对风险投资者。但迈克尔·莫里茨不是风险投资者，他是红杉资本的合伙人之一，也是硅谷的风云人物。他曾投资过雅虎和谷歌，赚了很多钱，以至没有人会质疑他的赚钱方法。

在肖恩看来，莫里茨孤僻神秘，极度疯狂。从一开始，他和肖恩几乎在每件事情上都相左。肖恩是一个自由思想者，也是有闯劲儿的年轻企业家，而莫里茨的眼里仿佛只有钱。红杉资本出资建立 Plaxo 还不到一年的时间，肖恩就觉得莫里茨执意让他离开——离开他一手创建的公司。当然，他拒绝了。后来又出现了一次激战，那是一场风险投资“政变”，肖恩最终意识到自己会输掉这场战斗。

和他一起创建公司的那两个朋友在莫里茨和董事会的重压下屈服了。财务报告显示，肖恩试图还击，他表明他会离开公司唯一的方式就是以现金的形式出售他在公司持有的大部分股份，这使红杉资本进入战备状态。肖恩认为莫里茨做了恶棍会做的事情。他雇用了一个私人侦探跟踪肖恩，并在必要时采取武力手段逼肖恩离开公司。

肖恩开始注意到在他离开公寓的时候，有一辆黑色的车子在跟踪他。当他通电话的时候，他注意到电话中有奇怪的咔嚓声，他的手机甚至会收到陌生的恐吓电话。这让他开始感到害怕。

也许他们真的很卑鄙。肖恩虽然靠 Napster 和 Plaxo 出了名，但他和同龄人一样，也喜欢派对，喜欢女孩，他也不是圣人。肖恩才 20 岁出头，算得上硅谷的摇滚明星。他语速很快，思维也相当活跃。他这个人比较容易激动，有些狂躁，很容易被人误解。

他们可能抓到了肖恩的把柄，也可能没有抓到。不管怎样，肖恩觉得莫里茨把他排挤在外，迫使他离开公司。同时，肖恩也知道自己失去了这个公司，也失去了两个最好的朋友。这件事情非常糟糕，也相当凄惨，肖恩觉得这样不公平，然而，这件事真的发生了。这种事不只是发生在他的身上，在硅谷，这样的事每时每刻都在发生。

这就是风险投资的特点。一开始棒极了，后来却令人畏惧。

肖恩惨淡地离开 Plaxo，但对肖恩 · 帕克来说，这并不意味着结束。在经历了 Napster 和 Plaxo 这两件事之后，硅谷的八卦新闻记者对肖恩更感兴趣了，他们开始把他描绘成游手好闲的坏男孩——他迷恋女孩，喜欢名牌衣服等。当然，还有一些未经证实的有关毒品的传言。有人说他吸食可卡因，也有人说他吃药丸，天晓得还有什么其他传言。肖恩觉得他某天打开 Gawker（美国的一个传媒网站）时，可能会读到他从静脉注射小海豹血的事情。

肖恩觉得他是个坏男孩的说法听起来有些滑稽。如果人们知道他是在弗吉尼亚州的尚蒂利长大的话，他们会觉得这件事十分可笑。肖恩骨瘦如柴，对花生、蜂蜜和贝类过敏，所以不管走到哪里，他都随身带着肾上腺素自动注射器。他还患有哮喘病，经常带着一个吸入器。他的头发十分凌乱，有时看起来特别像一个爆炸头。其实，说他骨瘦如柴有些夸张，他看上去还是挺正常的。不过一张单人床对他来说太大了，足够让他进行体操表演。他是硅谷坏男孩的这个说法也十分荒唐可笑。

肖恩看了一眼地板上的花边文胸，笑了起来。

肖恩也曾辉煌过。他也曾带有享乐主义的色彩。私人侦探可能发现了他喜欢女孩，有时是很多女孩。他喜欢很晚出去，也喜欢喝酒，还曾被几个夜总会赶出去。而且，他没上过大学。在 Napster 飞速发展时，他就离开了中学，从未回过头。

然而，肖恩是个好孩子。他觉得自己算得上一个超级英雄。虽然他的姓是帕克，但他觉得自己更像一个蝙蝠侠。他白天是布鲁斯·韦恩（蝙蝠侠的名字），穿梭在 CEO 和企业家之间。晚上是身披斗篷的斗士，努力改变世界，赋予每个大学生自由。

肖恩和布鲁斯·韦恩不一样，他没有什么钱。虽然他创建了史上最大的两家互联网公司，却身无分文。Plaxo 终有一天会价值不菲，他会获得一大笔财富，也许是几千万美元，也许是上亿美元。Napster 虽然没让他变得富有，但至少让他获得了知名度。有些人甚至把他和硅谷图形公司的创始人吉姆·克拉克相比较，吉姆·克拉克曾是网景公司和永健公司的负责人。肖恩已经建立了两个公司，现在他只需要打第三场胜仗来使这种类比看起来更加相似。

肖恩一直都在留意下一场战役。这次，他想要真正改变自己的生活。当然，每个人都在寻找下一次大展宏图的机会。与其他人不同的是，肖恩知道做什么事情才能让他大展宏图，而且他对此信心十足，他如宗教信徒般虔诚，他坚信的便是社交网络。

仅仅在几个月前，肖恩和 Friendster 取得了联系。他给他们带了来 D 轮（投资等级）风险投资资金，并把 Friendster 介绍给了城里的朋友。其中最著名的人就是贝宝公司的创始人彼得·蒂尔，他是肖恩的同事，也与红杉资本那帮人发生过争执。

然而，Friendster 不是肖恩的下一场战役，因为它已经发展得相当到位了，肖恩很难找到适合自己的位置。平心而论，Friendster 自身也有局限性——它只能算一个约会网站。Friendster 表面上很好，但它只是为了帮助你与不认识的女孩见面并试图得到她们的电子邮箱地址。

聚友网虽然刚刚起步，但发展迅猛。肖恩也去考察了一下，最后放弃了。聚友网是一个了不起的网站，但肖恩认为它算不上一个真正的社交网站。人们进入聚友网不是去交流的，而是去炫耀自己的，它就像是一个大型的自恋场所。快看我！快看我！快看看我的车库乐队、喜剧节目、表演、组合建模等。这等于是你把品牌摆在那里，并希望有人会注意到你。

所以说，如果 Friendster 是一个约会网站，聚友网是一个品牌工具的话，肖恩究竟该做些什么呢？肖恩不能确定，但他知道在某个地方，一定有人在地下室里坚持不懈地努力着，在创建社交网络领域的 Napster。肖恩必须睁大眼睛寻找。

肖恩知道自己把标准定得太高了。如果这个公司不像优兔（视频网站）和谷歌一样价值 10 亿美元，那么就不值得他花费时间。他已经有了 Plaxo，可他对这段经历不怎么满意。

他的下一场战役，要么会让他腰缠万贯，要么会让他破产。肖恩从床上坐了起来，他心中的能量正在升腾。现在是时候去寻找机会了。他看了一眼沙发床旁边的小桌子，注意到粉色的女士手表旁放着一台打开着的笔记本电脑。这台电脑不是他的，应该是他室友的或是室友的客人的。电脑离他很近，他从床上就能伸手拿到，这成了他的第一选择。他现在需要查看他的电子邮箱并开始做早上的例行事务了。

肖恩伸手拿过笔记本电脑并把它轻放在膝盖上。几秒钟后，电脑从休眠模式中被唤醒。他立即注意到电脑已经通过斯坦福大学的网络上了网，电脑屏幕上有一个打开的网页。显然，笔记本电脑的主人昨天晚上上过网。出于好奇心，肖恩滚动了整个网页，浏览了网页的内容。肖恩以前从没看到过这样的东西。这有些奇怪，因为他几乎什么样的事都见过了。

网站的顶部和底部是浅蓝色的横条纹，这显然是某种门户网站。网页左边是一个女孩的照片，她有一头美丽的金发、动人的笑容和迷人的蓝眼睛。她的照片下面是她的相关信息。

女，单身，对男孩感兴趣，正在寻找朋友。然后是她的朋友列表，她使用的网络，她喜欢的书籍以及她正在斯坦福大学学习的课程。

个人简介旁边是她自己写的人生格言和她的同学对其做出的评论。这些人看上去都是斯坦福大学的学生，因为他们有斯坦福大学的电子邮箱。网站上的好友也是她现实生活中的朋友。这个网站不像 Friendster 那样只会约人，也不像聚友网里那样炫耀新摇滚乐队或新的时装品牌，这才是真正的社交网络，网络一直处于连接状态。即使是当电脑处于休眠状态时，社交网络也是醒着的，它不是静止不动的。

它在流动。

它很简单。

它很完美。

“我的天！”肖恩自言自语地说道。

太棒了！他努力眨着眼睛。这个网络的目标是大学市场，这似乎是显而易见的。社交网站市场的最大空白区就是大学，而大学是社交网络的完美市场。大学生有着难以想象的社交需求。一个人在大学时期拥有的朋友超过了其他时间拥有朋友的总和。聚友网和Friendster错失了一个使用社交网络最频繁的群体，但这个网站似乎直接就瞄准了主要人群。

肖恩把注意力移到了页面下方，那里有一行古怪的小字：

由马克·扎克伯格制作

肖恩露出了笑容，他非常喜欢这个网站，网站的制作者把自己的名字放在了页面下方。

肖恩敲了几个键，打开了谷歌的网页，开始搜索。令他吃惊的是，他找到了很多与网站相关的内容，这些内容大多都来自哈佛大学的《哈佛深红报》。

网站的名字叫TheFacebook，是一名大二学生在6—8周前建立的。在短短的4天时间里，哈佛的大多数学生都注册了这个网站。到第二周，网站约有5 000名会员。然后这个网站扩展到了其他几个学校，现在估计有50 000名会员。这些学校包括斯坦福大学、哥伦比亚大学、耶鲁大学……

天啊！这个东西发展得真迅猛。

肖恩的嘴里嘟哝着："TheFacebook。"他心想为什么不去掉他 The 呢。这个网站会让肖恩为之疯狂。他的大脑总能凭直觉将事情简化并把事情理顺。他突然意识到当他在思考这件事的时候，他的手指在床单上来回抚摸，试着弄平上面的褶皱。他冲自己笑了笑，原来是强迫症又犯了。给硅谷闲话（Valleywag）打个电话吧，告诉他们那个患有哮喘病、对花生过敏并且有强迫症的坏男孩肖恩·帕克正在寻求一个新项目。

他要找到这个叫马克·扎克伯格的人，而且他要看看这个孩子到底有多优秀。如果这些东西真的像它们看起来一样漂亮的话，他将帮助这个孩子把 TheFacebook 做大。

要么腰缠万贯，要么破产，就这么简单。否则就不能算是成功。

肖恩已经做成了两件事——Napster 和 Plaxo。

TheFacebook 能成为他的第三场胜仗吗？

第 18 章　匆匆来客

“快点，爱德华多。你觉得他们真的会在这里检查我们的身份证吗？”

女孩转动着眼珠，看起来相当紧张。爱德华多盯着她看，但她已经转过头去看鸡尾酒酒单了，现在马克也在扫视那个该死的酒单。也许凯莉是对的，没有人会要他们出示身份证，但那无关紧要。她和马克都没把这件事放在心上，只有爱德华多为之疯狂。马克不光在饭店这样，整个纽约之行他都在闲逛，自认为这件事情是个大笑话。也许凯莉也没有把这件事看得很重，她出席晚宴只是因为她恰好要去皇后区看望家人。不过马克和爱德华多是来纽约谈生意的。

他们没有住在酒店，而是住在朋友那里，爱德华多承担了差旅费、餐饮费。更准确地讲，他们是用 TheFacebook 的资金来支付这些费用的。爱德华多在几个月前，也就是 1 月，拿出了 1 000 美元，而这笔钱现在正急速减少。这次旅行被定义为业务开销，因此马克应该将其视为正式的出差。

然而，马克并没有这么做。爱德华多想方设法安排了一些与潜在广告商的会面，但会面效果并不是很好，而且有一半的会议马克都在昏昏欲睡。在剩下的几次会议中，他也是一言不发地坐在那里等爱德华多来收拾残局，这对会议毫无帮助。虽然会面的每个人看似都对 TheFacebook 的注册人数感到震惊——最近一次统计表明注册人数已经超过 75 000 人，但没有人愿意投一大笔钱进行网络广告宣传。他们一直都没弄到广告费，总的来讲，网络广告在当时还是件相当冒险的事情。广告商也很难理解 TheFacebook 的优势。即使用户在 TheFacebook 上登录的时长比在其他网站更久，这一优势对他们也不具吸引力。大多数试用过 TheFacebook 的学生会再次访问该网站，数据显示每日的用户再次访问率为 67%，可是广告商仍然不能理解这一惊人数据。

如果马克能严肃点对待这件事情，情况可能会稍微好点。眼下的例子就是最好的证明。他们来到纽约一家新开的高档餐厅，马克身上还穿着那件羊毛连帽衫，脚上的夹趾凉鞋在桌下拍打着。就算他们来 66 餐厅不是为了会见潜在的广告商，这毕竟属于商业场合，马克应该穿得更得体一些。他最起码也应该穿得时髦点，他现在的穿着与环境格格不入。

66 餐厅位于翠贝卡纺织大厦的一楼，是一家新开的火爆餐厅，这可能是爱德华多见过的最漂亮的中国餐厅。餐厅里光线柔和，布置简约，极具现代感。12 英尺高的弧形玻璃墙堵住了通往大鱼缸的入口，鱼缸将用餐区和厨房分隔开来。地板是竹制的，磨砂玻璃板将各式各样的皮沙发休息区分开。此外还有一张公用的大桌，可以坐 40 人。桌子紧挨着另一堵磨砂玻璃墙，服务员就在那堵墙的背面，他们的影子在那里来回晃动。中国式红色锦旗挂在天花板上，除此之外，这个餐厅的设计看起来更像是各种风格的融合，而不是纯粹的亚洲风格，至少爱德华多是这样认为的。他们的客人还没来，所以他们先从菜单上点了些东西：糖醋排骨、金枪鱼泥、清蒸龙虾和塞入鹅肝的特大号虾饺。爱德华多的女朋友对这些菜不怎么感兴趣，他能看出她在等着点甜点——装在中式打包小盒子里的自制冰激凌。如果她可以说服服务员不计较他们的年龄，给他们提供一些酒水的话，她就会完全忘记冰激凌这回事儿。

虽然凯莉不负责照顾他，但她高挑漂亮，自从宿舍洗手间的那一次开始，爱德华多就想尽办法让她保持对自己的兴趣。马克早已失去了她的朋友艾丽斯，但他看起来毫不在乎。此时此刻，凯莉不是爱德华多最关注的事情，他更关心的是他们为什么首选这家餐厅，以及他们即将碰面的那个小伙子。

爱德华多不太了解肖恩 · 帕克，但通过他在网上简单搜索找到的资料来看，他不喜欢这个人。肖恩是一个硅谷怪物，他以十分惊人的方式创建了两家最大的互联网公司。爱德华多觉得肖恩就像是野蛮人，他甚至有些危险。爱德华多不知道肖恩为什么想和他们见面，也不知道他想从他们这儿得到什么，但他敢肯定，他不想从肖恩那里得到任何东西。

说曹操，曹操到。当肖恩从弧形玻璃入口后面出现时，爱德华多一眼就看到了他。你很难不注意到他，因为他的出场方式很特别，手指像某个卡通人物一样在墙上弹跳，他看上去就像认识餐厅里的每一个人。他穿过餐厅时先向女老板问好，然后和一个女服务员拥抱了一下，随后停留在邻近的一张桌子旁跟一个穿西装的男人握了握手，还抚摸了一下那个男人的孩子，他就像是他们一家人的朋友一样。天啊，他到底是个什么样的人啊？

他走到爱德华多他们这桌，冲他们笑了笑。他的笑里带着些许野性。

“我是肖恩·帕克。你们肯定是爱德华多和凯莉。当然，还有马克。”

肖恩径直把手伸向桌子另一边的马克，此时，爱德华多看到了马克脸上的表情：他脸颊绯红，两眼放光。这完全是看到偶像时候的表情。爱德华多觉得对马克而言，肖恩·帕克就是神。

爱德华多早就应该意识到这一点。Napster 是极客的终极大旗，是黑客在最大的舞台上参与的一场战役。最终，黑客输了，但没有关系，从某种意义上说，那仍然是史上最大的黑客行动。肖恩·帕克从那场战役中活了下来，接着又创办了 Plaxo 并使自己再次出名。爱德华多并没有刻意去记住他在谷歌上看到的内容。肖恩在凯莉旁边坐了下来，他叫住路过的女服务员，为大家点了些饮料，那个女服务员也算是他的一个朋友，当然，她是他以前来这家餐厅吃饭时认识的，之后他就聊起了自己。

肖恩一直在没完没了地讲述着自己的故事，他的能量十分惊人。他聊到了 Napster，那是他的一场战役，也聊到了 Plaxo 和那次使他差点儿完全失败的糟糕战役。肖恩从不避讳，他谈到了自己在硅谷的生活，在斯坦福大学和在洛杉矶的派对，他那些成了亿万富翁的朋友，以及那些正在寻找机遇的朋友。他把自己的世界描绘成了一段真正令人激动的经历。爱德华多可以看出来，马克全盘接受了那些事情，他看起来巴不得马上冲出餐厅，去订一张直飞加利福尼亚的机票。

当爱德华多认为肖恩即将讲完他的故事的时候，肖恩转过身，问起了他们 TheFacebook 的最新进展。

爱德华多开始向肖恩介绍 TheFacebook，网站目前已经发展到了 29 所学校，可肖恩直接把脸转向马克，问他采取了哪些措施促使其他学校参与其中。

爱德华多坐在那儿，心里有些生气，而马克正在通过举例的方法生硬地解释着他们的战略。他讲述了贝勒大学的故事：那个得克萨斯的小学校最初拒绝使用 TheFacebook，因为它们学校已经有了一个社交网络。马克他们没有选择正面迎击的方式，而是列出了方圆 100 英里范围内的学校，并让 TheFacebook 先进入那些学校。很快，所有贝勒大学的学生看到他们的朋友都在使用 TheFacebook，然后就希望学校让 TheFacebook 进入学校。在几天之内，贝勒大学原来的那个社交网站就被抛弃了。

肖恩看起来对这个故事非常感兴趣，他援引了他在斯坦福大学校报上读到的内容。报上写道："学生们不去上课，也不做功课，却像入迷了一样长时间待在电脑前。TheFacebook 的潮流席卷了整个校园。"那篇报道发表之后，有 85% 的斯坦福大学学生在 24 小时之内注册了 TheFacebook。

马克似乎对肖恩关注自己感到很开心。对肖恩来说，知道马克是他的粉丝他也感到开心。他们立刻熟络了起来，这是不可否认的。爱德华多明白肖恩并非故意冷落他，但肖恩确实更关注马克，也许仅仅是因为他们两个人都是电脑迷吧。肖恩给马克留下的印象又不像是一个电脑极客，肖恩虽然是一名极客，但他看起来更优雅，就像是在黄金时段的电视节目上扮演极客的角色一样。这样说不是因为他穿着讲究，举止夸张，而是因为他不仅能掌控他们这一桌的气氛，还能感知到整个房间的状态。肖恩看起来像一个表演家，知道自己要做什么。

晚餐很快就结束了，但是对爱德华多来说，这段时间相当漫长。当凯莉最终拿到冰激凌时，她高兴得都快鼓起掌来了。当吃完盒子里的冰激凌时，肖恩结账之后就起身告辞了，他向马克保证他们很快就会再见面。随后他就迅速消失了，真是来也匆匆，去也匆匆。

10分钟之后，爱德华多和马克站在餐厅外面的人行道上，他挥舞着手试着拦下一辆出租车。爱德华多的女朋友先去见肖恩和他的女朋友了，然后他们再一起去翠贝卡附近的酒吧见其他朋友。爱德华多稍后会跟他们会合，他还要打几个电话，试着安排与更多的广告商见面。不管情况多么艰难，爱德华多都不想放弃。

爱德华多的手还在挥舞，他看了一眼马克，马克的脸上还泛着红晕。肖恩已经离开了，但他的魅力还在。

“他就像推销员一样。”爱德华多说道，他想改变马克对肖恩的印象，“我是说，他是一个企业家，我们不需要他。”

马克耸了耸肩，没说话。爱德华多皱了下眉毛，他能感觉到马克没有听进去他的话。马克喜欢肖恩，并且把他当偶像一样崇拜，所以爱德华多根本没有办法让马克改变主意。

爱德华多当时觉得也没有什么关系。他认为肖恩不会给他们投钱，而且据他所知这个家伙也没什么钱。但是TheFacebook需要钱，随着它发展壮大，爱德华多他们必须要升级服务器，而且爱德华多他们意识到还需要多雇用几个人来编程，确切地说是雇用一些实习生，并且必须要支付他们薪水。

所以爱德华多明天要去开一个新的银行账户，并投一些钱到这个项目中去。爱德华多已经往账户投入 10 000 美元，马克自己没有资金，因此在一段时间内他仍然需要依靠爱德华多的钱。

虽然肖恩拿不出多少钱，但他或许跟风险投资公司有些联系。谢天谢地，马克一直以来对钱不感兴趣，这使得引入风险投资资金变得毫无可能。马克觉得 TheFacebook 这个网站仍然主要是以娱乐为主的，而且必须要“酷”。显然，刊登广告并不“酷”，风险投资也不“酷”，穿西装打领带的人和有钱人也永远都“酷”不起来。爱德华多不必担心，因为马克不会这么快就去找风险投资公司的。

然而，爱德华多还是觉得，在马克看来，肖恩·帕克除了有一些做风险投资的朋友之外，他还是比较“酷”的。爱德华多把这个想法抛在了脑后。目前一切都好，他没有什么需要担心的，因为每个人都喜欢 TheFacebook。

不管有没有肖恩·帕克的帮助，爱德华多他们迟早都会想出办法从这个网站上赚到钱。爱德华多有一种感觉，肖恩·帕克应该不是唯一一个注意到他们那个小网站的人。拥有大笔财富的人会来敲门的，只是时间问题罢了。而且这个人会比肖恩更有钱，不会只在纽约的高档餐厅请他们吃一顿饭。

第 19 章　进军硅谷

“是另一个人。”

“你在糊弄我。”

“没有啊。”

一开始，爱德华多抵制住了冲动，没有转过头去看，他尽量全神贯注地听教授讲课。这位教授长着胡子，头发蓬乱，正在这间中等大小的教室前方踱步。但是爱德华多不回头看几乎是不可能的，因为爱德华多连这是哪门课都不清楚，只知道这节课与计算机高级语言有关，他对此一无所知。这是爱德华多又一次代马克上课，TheFacebook 侵占了他们两个人的校园生活，为了发展生意，连上课时间都成了他们的临时办公时间。现在，爱德华多手头的任务正在与那股转身去看的冲动做斗争，但他最后还是忍不住回头看了。爱德华多一眼就认出了那个人。他看起来 35 岁左右，穿着灰色西装，打着领带，腋下夹着一个手提包，坐在两个穿着校队网球运动衫的大二学生中间，跟周围的环境格格不入。这个家伙正在傻笑，当他看到爱德华多回头看他时，笑得更加夸张了。

天哪！真的太可笑了。来校园里跟踪他们的风险投资公司已经不止一家了。春季学期即将结束，学校也要放假了，所以他们来学校的频率越来越高。除了这些风险投资公司以外，一些主要的软件公司和网络公司也派来了代表。这些穿西装的家伙跟着马克他们来到了柯克兰楼的食堂以及图书馆，还有一个人甚至找到了马克的宿舍，在门外等了三个小时，等马克从计算机系开会回来。

能获得这些公司的关注还是很不错的，但是这些公司没有给 TheFacebook 提供资金，只是做出了此类暗示。有几家公司还给出了像玛索球（matzo-ball）[①] 一样大的数字，虽说有 7 位数，但没有人真的拿出钱来，所以马克和爱德华多从不把它们放在心上。还有人想买下 TheFacebook，但马克他们从未考虑过。与此同时，TheFacebook 的注册人数已经超过了 150 000 人，而且注册人数每天都会增加几千。如果一直这样发展下去的话，爱德华多敢肯定这个网站将会很值钱。这个学年即将结束，他和马克必须对未来的发展做出一些重要的决定。

即便有达斯廷和克里斯为他们分担工作，可是繁重的工作量已

① 玛索球，原意为一种犹太食品，通常用来形容巨大的数字。——编者注

经让所有人都觉得维系 TheFacebook 成了一个全职工作。不过随着假期的到来，各个方面的事情更容易平衡了，TheFacebook 依旧是爱德华多他们夏天的首要事情。在过去的一个月里，爱德华多与广告商的洽谈取得了一些进展，他在积极地谋求与全国广告商和当地广告商的合作，并已经为几家大公司做了一些免费的试用广告，如美国电话电报公司（AT&T）、美国在线服务公司（America Online）和美国最大的招聘网站 Monster.com。爱德华多还将一些广告位卖给了哈佛的几个本科生组织，包括哈佛酒保课程，塞内卡俱乐部红色派对和马瑟尔宿舍楼的“泡沫”舞台。同时学院民主党员每天付给爱德华多 30 美元用来宣传他们即将进行的新罕布什尔之旅。这个网站现在已经赚到了一点点钱，但这些钱还不够支付迅速增长的服务器费用以及必要的升级和维护费用。现在有很多人都在 24 小时全天候使用这个网站，而且这只是开始。

爱德华多还在结构上推动了业务的进展。他和马克于 2004 年 4 月 13 日正式组建了公司，从法律意义上建立了 TheFacebook 公司，公司注册地在佛罗里达州，爱德华多的家就在那里。在公司文件上，他们根据之前在马克宿舍里的约定确定了公司的所有权：马克占 65% 的股份，爱德华多占 30% 的股份，达斯廷占 5% 的股份。克里斯在将来会得到一些股份，但还没确定下来。无论如何，这些公司文件让人觉得这个公司更正式，虽然它现在还没赚到什么钱。

即使有了公司文件，即便网站仍在迅速发展，但他们仍旧很难决定要在几周后的假期中做些什么。马克和爱德华多都在找暑假工作，马克还没找到自己合意的工作，但爱德华多通过他在凤凰社的关系以及他家里朋友的帮助，找到了一份在纽约某个有威望的投资银行当实习生的工作。爱德华多跟他的爸爸反复讨论了这份实习生的工作，他明显可以看出他的爸爸更倾向于哪种选择。TheFacebook 正在发展，而且出奇般地走红，但它仍然没赚到什么钱。相比之下，实习生是一份体面的工作，也是一次相当不错的机会。而且 TheFacebook 寻求的大部分广告商都在纽约，爱德华多一边实习，一边在业余时间搞 TheFacebook，这样难道不是很好吗？

爱德华多正打算跟马克说这件事情，马克却先让他大吃一惊。虽然 TheFacebook 也是马克的优先项目，但他打算跟几个喜欢电脑编程的朋友一起搞一个叫作 Wirehog 的项目。他的朋友一个叫亚当·丹吉洛，是马克的中学朋友，他投资过 Synapse；还有一个叫安德鲁·麦科勒姆，他也是马克的同班同学，也是主修计算机的。

Wirehog 基本上属于 Napster 和 TheFacebook 的混合体，它给人的感觉是社交网络，但其实是一个文件共享程序。Wirehog 是一个可下载的软件，人们可以通过个性化的个人简介页面与网络中的朋友相连，和朋友共享任何东西，从音乐到图片，到视频都可以共享。马克是这么想的，把 Wirehog 搞好之后，将它作为一项应用融合到 TheFacebook 中。同时，马克和达斯廷还将继续升级

TheFacebook，他们希望夏天结束的时候，使用这个网站的学校数量能从目前的大约 30 所增加到 100 所以上。

这是一项艰难的任务，特别是还要顾及 Wirehog 项目。但马克看起来十分兴奋，他打算将自己的时间合理分配在这两个项目中，爱德华多这才决定去做实习生。

马克又告诉了他第二个惊人的消息，这次，爱德华多有点担心了。事实上，马克昨天才把这个消息爆料给爱德华多，可这时爱德华多已经接受了实习机会，他甚至都已经开始在纽约寻找出租公寓了。

在过去的几周里，马克曾解释道某天当他在宿舍听着歌手贝克的《六瓶装》（*six-pack*）那首歌时，突然觉得自己未来几个月应该会待在加利福尼亚，那里才是他应该待的地方。他想在硅谷创建 Wirehog 和 TheFacebook。硅谷富有传奇色彩，对像马克一样的电脑程序员来说，他们的偶像都聚集在那个地方。凑巧的是，安德鲁·麦科勒姆在硅谷的艺电公司找到了一份工作，亚当·丹吉洛也会去硅谷找工作。马克和他学电脑的朋友在帕洛阿尔托一条叫作 La Jennifer 的街上找到了一套便宜的转租房，就在斯坦福大学附近。对马克来说，这似乎是一个完美的计划。他会带上达斯廷一起在租来的房子里办公，这样一来，TheFacebook 和 Wirehog 就能有个安身之处了。他们在加利福尼亚的硅谷，在世界的网络中心。

即使在过了一天之后，爱德华多仍然没能回过神来，他无法接受马克爆出的第二个惊人的消息。其实，他不喜欢这个主意，这不仅是因为加利福尼亚离纽约远，而且对他来说，那里也是一个充满危险和诱惑的地方。当爱德华多去纽约寻找广告商时，风险投资公司那群西装革履的人会去寻找马克。肖恩·帕克那样的人比西装革履的人更可怕，因为他们知道如何进行商业运作。爱德华多他们之前从没打算去加利福尼亚。马克和达斯廷是程序员，而爱德华多是业务员，如果他们分开了的话，爱德华多该如何按照他们事先约定的那样指导业务呢？

马克并不在乎爱德华多的担忧，没有理由能阻止他们同时在两个城市工作。马克和达斯廷可以继续编写程序，爱德华多可以寻找广告商并处理财务方面的事务。无论如何，现在不该争论这个问题，因为马克已经做出了决定，爱德华多也已经接受了他在纽约的实习生工作。他们必须找到方法让公司运转起来。

爱德华多不想这样，但他觉得这样的情况只会持续几个月，然后他们都会回到学校，继续被风险投资公司那群穿着搞笑的灰色西装的人四处追逐。

“我想我应该和他谈谈。”爱德华多和马克低声说道。他讨厌坐在他们后面那个风险投资公司的人的笑容。“你想去吗？跟他们吃顿免费午餐还是不错的。”

马克摇了摇头，“我们今天要面试实习生”。

爱德华多点了下头，他想起来了。为了能让 TheFacebook 在夏天结束前进入 100 所学校，马克和达斯廷认为他们至少需要带两名实习生和他们一起去加利福尼亚。对此，他们当然要承担费用，因为没有人会愿意免费跟他们跑到国家的另一端去。马克他们在计算机系发布的消息称，他们将为这份暑假工作支付大约 8 000 美元的薪水，此外，还将在 La Jennifer 街上的转租房内为实习生提供食宿。这种待遇看起来很诱人，虽然公司还没赚到钱，但爱德华多还是同意从自己的投资收益中拿出钱来，再次为这个项目提供资金。他打算过几天以公司的名义在美国银行开设一个新账户，爱德华多在这个账户中存了 18 000 美元，他还打算给马克一些空白支票以支撑他们在加利福尼亚的项目。作为公司商业经营方面的负责人，爱德华多所做的这些事情看起来都是理所应当的。

“在我完成手头的工作之后，”爱德华多回答道，“我会过去帮那些实习生的。”

“应该会很有趣。”马克回答道，爱德华多确信自己看到了马克在坏笑。

在马克那个非凡的世界里，几乎任何事情都会很有趣。

“加油！”

我们可以想象当时爱德华多看到的场景：当他跨进地下教室的门口时，教室里刚好爆发出一阵欢呼声、刺耳的笑声和热烈的掌声。他忍不住从一堆旁观者中挤进去看看到底发生了什么事情。看热闹的大多数是大一大二的男生，他们都是电脑编程专业的学生。

他们苍白的脸颊和走路的方式都很明显，他们在最现代的电脑实验室里似乎非常舒服。爱德华多在这群看热闹的人群中挤来挤去，这些学生完全没有理睬他。他最终挤进去了，终于明白了人们为什么会忽略他了。游戏还在如火如荼地进行，这比他想象中的要“有趣”得多。

电脑实验室的中央被清理出来，5 张桌子相互挨着，排成一排，每张桌子上都放着一台电脑，电脑旁放着一排酒杯，酒杯里盛满了威士忌。

5 名电脑极客坐在桌子边，猛烈地敲击着电脑键盘。马克站在这排桌子的尽头，手里拿着一个计时器。

爱德华多占据了有利位置，他那里可以看到电脑屏幕，但他觉得屏幕上的内容只不过是一团混乱的数字和字母。毫无疑问，那几个孩子正在弄一些错综复杂的电脑编程，可能是由马克和达斯廷设计的，意在测试他们的能力。有个孩子编写代码直到电脑屏幕闪烁，他仰头喝下了一杯威士忌。人群中又爆发了一阵掌声，之后这个孩子继续编程。

爱德华多立刻回想起了他当初为加入凤凰社而参加的划船比赛。眼前这场比赛也是一种入会形式，人们通过这种形式加入“马克的世界”，那是马克凭借自己的想象力和电脑天赋而创立的最后俱乐部。这是一项比赛，也是一项测试，可那是他们见过的最奇怪的面试实习生的方法。他们谁都没有表现出厌烦的情绪，他们的脸上全是欢乐。他们一边喝酒一边编程，证明他们不仅能在有压力时编程，还愿意跟随马克到任何地方，不仅仅是加利福尼亚。马克想去哪儿，他们就跟到哪儿。对他们来说，马克不仅是他们的同学，他简直就是一个神一样的人。

在随后的 10 分钟里，他们继续嚷嚷着，敲打着键盘，喝着烈酒，突然有个两个孩子几乎同时站起来，并把他们的椅子往后转。

"胜者已定！祝贺！"

那时，有人按了一下房间一角扬声器上的播放器，放了一首安德烈 · 罗梅勒 · 杨的歌："加利福尼亚，现在是开派对的时候……"

爱德华多笑了笑。他被围在人群中间，瞬间，教室里又是一片喧闹，每个人都走上前去祝贺新实习生。爱德华多被人群挤到后面，他也任由自己随着人流移动。看到马克能像今天这样，他打心眼儿里为他感到高兴。爱德华多看到马克和达斯廷以及那几个实习生站在一起，在房间中央形成了一个小团体。他还注意到马克身边有一个漂亮女孩，她个子很高，是个中国人，有着一头乌黑油亮的头发，笑容十分甜美。这几周以来，她一直陪伴在马克身边，她的名字叫普莉希拉 · 陈（马克的现任妻子）。爱德华多觉得这个女孩子也许会成为马克的女朋友，这样的情况在 4 个月前完全无法想象。

对他们两个人来说，情况确实发生了变化。马克站在一群电脑程序员中间，看起来真的很开心。爱德华多也很开心，虽然他只是站在一边看着他们。

爱德华多当场做出了决定：他们可以开始运营公司了。爱德华多可以在纽约打理公司的业务，马克可以和达斯廷、麦科勒姆以及其他几个实习生在加利福尼亚搞编程。也许他们可以在硅谷发展一些不错的人际关系。他们是一个团队，爱德华多善于与团队合作，即使他只能在 3 000 英里之外的地方关注着他们。

不管怎样，三个月后他们会重返校园。爱德华多将升入大四，马克将升入大三，生活还将继续。也许到那时他们会变得富有，也许他们会重新回到这里，目睹他们的公司逐渐壮大。总之，与刚开始这项生意的时候相比，他们现在已经大不相同，爱德华多坚信他们的未来会很美好。他将一切担忧抛在脑后，因为一个善于与团队合作的人就应该这样，没有必要忧心忡忡。

爱德华多问自己，在短短的几个月时间里到底会出现多少问题呢？

第 20 章　再战社交网站

“三。”

“二。”

“一……”

泰勒手握透明的香槟酒瓶，看着迪维亚和卡梅伦两个人弓着身子挨在一起，站在电脑旁，他感觉自己的手变得苍白。迪维亚的手指正在敲击着电脑键盘，他正全力以赴，竭力使网站引人注目。从理论上来讲，这个时刻激动人心。他们从 2002 年就开始创办的网站要上线了，这个网站差不多花费了他们两年的时间。他们将网站重新命名为 ConnectU（之前叫哈佛联谊会），主要是为了帮助他们从在过去几个月里受到的心灵创伤中恢复过来，同时也是因为 TheFacebook 现在已经证实了哈佛联谊会的创立想法是可行的，并能在多个学校同时运营。他们进行几个小时的讨论、规划和思考，许多天都在担心网站的设计、图表和功能问题，网站终于准备好上线了，这应是一个特别的时刻。

可是这一时刻并没有十分特别，也并非激动人心。也许是因为现实中只不过是一个印度孩子敲击了几下电脑键盘，这对双胞胎在拉德克利夫四方院这间冷清的宿舍里看着这个印度孩子的一举一动。

泰勒的多数物品已经用纸箱打包好，堆在房间里。他的父亲几个小时后就会来宿舍帮他们搬出去，然后他们将永远离开哈佛，踏入社会。哦，也许还算不上踏入社会。泰勒和卡梅伦将立即投入紧张的赛艇训练，训练的强度比在哈佛时更大。为了帮助他们完成任务，他们的父亲翻新了一个位于康涅狄格的船库。他们聘请了一名教练，既然他们已经毕业了，就应该全力以赴去准备 2008 年北京奥运会。当然，他们会花大量时间训练。训练的难度会非常大，会非常辛苦，有时候也会令他们难以承受。

当泰勒他们训练时，ConnectU 也在稳步前行。泰勒他们希望 ConnectU 能够拥有全国各地大学的学生会员，并且能在某些方面跟 TheFacebook、聚友网、Friendster 以及其他已经起步的网站竞争，能在万维网上像病毒一样快速蔓延。

泰勒清楚他们处于劣势。他明白“先行者优势”这一商业理念。在成立咨询公司之后，他们的父亲在沃顿商学院教授了 12 年商学课程，他也多次给泰勒讲过这个概念。对某些行业来说，不是产品质量好或是公司策略优就能制胜，而是谁先谁胜。这就是抢地盘，而 ConnectU 出场晚了。

这种挫败感是马克·扎克伯格造成的。在泰勒看来，马克当初不仅盗用了他们的想法，还拖延了他们两个月的时间。如果马克当初告诉他们自己不打算为他们的网站编程，他们就会另找他人。泰勒他们为此抓狂，但还是取得了进展，他们不会责备马克击碎了他们的梦想。但是如果没有马克，他们的网站可能是最早上线的，这样美国大学生谈论的就该是 ConnectU 了，改变许多人社交生活的网站也会是 ConnectU。

泰勒他们不仅有挫败感，而且泰勒、卡梅伦和迪维亚每天都会听到同学们无休止地谈论 TheFacebook。这种情况不只发生在哈佛，到处都如此。从宿舍房间到大厅，再到每个卧室里的笔记本电脑上，TheFacebook 无处不在。在电视新闻里也是一样，几乎每周都有报道，有时报纸上一连几个早晨都在报道 TheFacebook。

马克·扎克伯格，马克·扎克伯格，该死的马克·扎克伯格！

唉！泰勒有点儿困惑。他知道在马克看来，他、卡梅伦和迪维亚只不过是 TheFacebook 历史中的过客。马克觉得自己曾为几个运动员校友工作过几个小时，他觉得有些厌烦就放弃了。他们之间没有签订任何协议——既没有工作协议，也没有保密协议或竞业禁止协议。马克在电子邮件中糊弄了他们，但在马克看来，这两个运动员连简单的电脑编程都不会，他并不亏欠他们什么。马克现在已经飞得那么高了，泰勒他们正试着追上他。

当然，泰勒读过马克写给管理层的信，也看过他回复给卡梅伦的电子邮件。

当泰勒和卡梅伦在努力寻求广告委员会的介入时，泰勒还读了马克写给学校的信，内容看起来更恶心。

> 我尽量不参与其他学生的项目，因为总体来说，那些项目太浪费时间，也不能为我提供足够的空间供我创造，让我做自己的事情。然而，我确实努力运用自己的技能帮助那些有想法的学生发展他们的网站。我们之间也许有些误解，我知道他们为什么感到烦恼，是因为我成功开发了一个网站，他们的网站还没有完成，但我的确没对他们做出任何承诺。坦白来说，他们在我为他们免费工作后还威胁我。对此，我有些吃惊，在与微软这样资金雄厚并有着良好的法律观念的大集团打过交道后，我也觉得这种事见怪不怪了。

写给广告委员会的那封信的最后一行字使泰勒真正感到厌烦。马克在破坏了他们的网站后还总结说：“我尽量把这件事看成一件小事，不理睬它。每当我成功时，周围每个有钱人都想来分一杯羹。”

泰勒觉得那完全是一派胡言。对泰勒、卡梅伦和迪维亚来说，这与钱无关，这根本就不是钱的问题。泰勒对钱只字未提，要知道他家并不缺钱。

这件事其实跟荣誉有关，也跟公平有关。也许在商业领域，这些东西可以先放在一边；也许在黑客的世界里，想做的事情永远比这些东西重要，他们要比普通人聪明。但对泰勒来说，没有什么事情比荣誉更重要。

显然，马克对这件事有不同的看法。在过去的几周里，泰勒好几次都打算直接去马克的宿舍和他当面理论。但他还是抑制住了自己内心的冲动，因为他知道那样做不会有什么效果。

就在一周前的某天晚上，卡梅伦从河边宿舍楼里举办的派对中走出来，他看到马克正站在马路对面。卡梅伦朝马克那边迈了一步，只想凑过去和他说句话，可马克飞快地转身离开了。

在泰勒看来，一次简单的谈话是无法解决问题的。事情已经很糟了，看来唯一的办法就是继续行动，并全力以赴。

当迪维亚完成倒计时的时候，泰勒抛开那些令人生气的想法，把精力集中在电脑前的兄弟和朋友身上。这个时刻不属于马克·扎克伯格，也不属于 TheFacebook，而属于 ConnectU。泰勒希望他们的生活能翻开崭新的一页。

“弄好了，”迪维亚大声说道，“上线！”

迪维亚的手指敲了一下键盘，屏幕闪烁了一下。所有的事情都完成了，ConnectU 已经上线了。泰勒他们希望 ConnectU 能得到人们的关注，也希望很多大学生都能在 ConnectU 上注册账号，这样网站就会逐渐壮大起来。

泰勒举起了酒杯，迪维亚和卡梅伦也举杯和他一起庆祝。他喝了一大口酒，感觉酒在他的喉咙里流淌。泰勒虽然内心欢喜，但还是感觉到了酒的苦涩滋味。

他深知这种苦涩滋味实际上跟香槟酒没有什么关系。

第 21 章　偶遇

从本质上来说，那就是一道物理题。力的作用是相互的。运动中的物体倾向于保持运动的状态，不管你怎么干扰这个物体，始终还是阻止不了它运动的倾向。力等于质量乘以速度，这是物理学定论。肖恩·帕克全身都湿透了，他搬着这个130多斤重的特大号红木写字台，沿着小平房门廊前面的台阶向下走，桌子发出刺耳的声音。他无法消除这种声音，只能任由那声音回荡。

肖恩站在那儿摇了摇头，看着那张桌子侧翻到一边，随后“砰”的一声摔到车道旁边的草地上。他等了几秒钟，仔细听了一下，没有听到房间里传来抱怨声，真的太棒了。这说明他的女朋友没听到刚才的响声，就算他把这件稍有磨损的大家具弄到他宝马车的后备厢里，她也不会知道。他的车就停在不远处。

肖恩弯下了一只膝盖，把手放在木桌下面，试着把它搬起来。

他使出很大的劲儿，憋得满脸通红，脚上昂贵的意大利皮鞋都陷进了草坪中。肖恩感觉自己快要窒息了，他咳了几声，有那么一瞬间他还在想是否再试一下，但他很快就决定放弃了。他可能接受了自己搬不动这个东西的事实，准备跑去找他的女朋友帮忙。这个想法没什么，话又说回来，当肖恩的女朋友在斯坦福大学读大四的最后一学期时，肖恩和她住在一起，现在她要回家了，他们也有机会好好享受家庭生活了，即便这段时光也包括在家门前宁静的小草坪上搬一个 130 多斤的办公桌。

“是肖恩·帕克吗？”

这个声音不知是从哪里冒出来的，它打断了肖恩的思绪。肖恩抬起头，然后意识到声音是从他的身后传来的，他身后是安静的帕洛阿尔托街，他女朋友家就住在那条街上。他转过身，斜着看了一下，阳光正好照在他的脸上。

肖恩调整了一下眼睛的位置，他看到 4 个年轻的小伙子朝他走了过来。在这附近很少能看到年轻人，这个沉睡的小镇并不是城郊最潮的地方，这个地方不大，到处都是平房、游泳池和修剪整齐的草坪，甚至还有一两棵古怪的棕榈树。肖恩觉得这里居民的平均年龄比这些孩子的年龄要大 30 多岁。看他们的穿着，肖恩觉得他们应该是大学生。他们穿着运动衫和牛仔裤，还有一个人穿着灰色的羊毛连帽衫。

起先，肖恩没认出这几个人，但当他们走近的时候，他突然意识到自己确实认识他们其中的一个人。

“真是凑巧，”他嘟哝着，一边在想那个人是谁。

马克·扎克伯格似乎也和肖恩一样吃惊，别人很难读懂马克脸上的表情。马克快速介绍了一下他的室友，并解释说他们最近刚刚搬进附近的一所房子里。马克指了一下房子的位置，那离肖恩女朋友的家几乎连半个街区的距离都不到。马克和他的室友真的是无意中看到了肖恩——虽然肖恩从不相信有这样的巧合。不管是命运还是幸运，肖恩的人生有时看起来就像是一系列偶然事件的集合。

肖恩花了很大的力气才在纽约找到了马克·扎克伯格，而在加利福尼亚，这个天才男孩竟送上门来。自从在 66 餐厅的晚餐会面之后，肖恩和马克就多次通过电子邮件安排见面的事情，而且就在几周前，他们曾希望能在拉斯韦加斯的某项高科技活动上碰面，但没能如愿。现在这样的见面方式更好。

肖恩谈了谈自己的现状，现在学期已经结束，他正帮女朋友搬到她父母的房子里去，然后再陪她待上几天，之后他会暂时无家可归。肖恩看到马克的眼睛迸发出了光芒。马克之所以来到硅谷，是因为这里看起来适合创建一个网络公司。如果能和这个已经创立了两家人们喜欢议论的公司的顾问住进同一所房子里，那真的太好了。马克没有做出任何正式的邀请，但肖恩能感觉到他就是这个意思，马克也知道肖恩对此很感兴趣。

自打肖恩看见 TheFacebook 的那一刻起，他就想参与进来。如果一切顺利的话，肖恩将和这个网站的创始人住在一起。

肖恩将参与进来。

有个孩子跳向空中，就像中学课本中怪诞的彼得·潘[①]一样。他没有系安全带，没有手持准绳。他掉在临时组装的滑索上，滑索从房顶上的烟囱底部一直通到游泳池另一侧的电线杆上。这个孩子边走边叫，但肖恩能看出他这样是因为喝醉了，而不是因为害怕。这个孩子想出了办法让自己在合适的时机下落，他做了一个空降旋转，径直落在了池子中央。周围水花四溅，弄湿了户外烧烤架，甚至把屋后面朝着 La Jennifer 街的木质平台都打湿了。La Jennifer 街是一条静谧的城郊街道，离帕洛阿尔托中心只有几英里远。

肖恩对房屋的布局相当满意。房子非常好，尽管马克和他的朋友最近才搬来，但给人一种兄弟宿舍的感觉。马克他们花了 100 美元在附近的一家五金店买来了电话线，并自己安装好，到目前为止，这根电话线还未对烟囱或电线杆产生太大影响。

房子的内部不需要太大的变动。由于房子已经配好家具了，马克和他的朋友只带了很少的东西过来。他们每个人可能只带了一两个包，还有一些床上用品，就这么多。马克的父母寄来了一些击剑装备，因此，家中可以看到散落的金属薄片和击剑头盔。马克他们还在当地一家店里选了几张做工程用的白板，那些白板上写满了潦

① 彼得·潘：苏格兰作家詹姆斯·巴利小说中的人物，是一个小飞侠。——编者注

草的计算机代码，有许多鲜艳的颜色。房间的地板上扔满了空比萨盒、啤酒罐和装有许多电脑设备的纸箱。超大的客厅看起来像宿舍和工程实验室的结合体。每天都会有人 24 小时守在许多台笔记本电脑或台式电脑前，这些电脑被放在房间的各个地方，线也是到处缠绕的，就像坠落的外星飞船内部一样。房间里播放的音乐是非主流摇滚乐和普通摇滚乐的结合，肖恩发现有很多绿日乐队的歌曲，这很适合一群具有无政府主义倾向的黑客听。

肖恩很高兴，因为他看到马克聚集的团队成员都很出色。他们都非常聪明，甚至连实习生也很机智。斯蒂芬·道森–哈格蒂和埃里克·希尼克他们两个人都是计算机专业的新生，也是 Linux（操作系统）和高级编程方面的专家。团队成员还有安德鲁·麦科勒姆，马克拥有一个真正的智囊团。这座房子里的职业道德也令人惊叹。毫不夸张地讲，团队夜以继日地在做编程工作，包括马克在内——特别是马克，他们除了睡觉、吃东西，就是守在电脑旁。从中午到凌晨 5 点，他们一直在编程，把大学一个一个地加进 TheFacebook，解决了许多难题，给网站增加了应用程序，还开发了 Wirehog。他们是一群顶级的程序员，也许是肖恩见过的初创公司中最优秀的团队。

肖恩没在房子里见到爱德华多。这起初让肖恩感到疑惑，因为在纽约的时候，爱德华多是 TheFacebook 的商业负责人，他多次表明自己负责网站所有商业方面的事务。但是自从肖恩踏进 La

Jennifer 街上的这座房子的那一刻，他就发现爱德华多根本没有参与到 TheFacebook 的日常工作之中。

马克告诉肖恩，爱德华多到纽约某个投资银行去做实习生了。肖恩脑中立马拉响了警铃。肖恩曾是两个大公司的一员，他目睹了许多成功与失败。他知道一个初创公司最重要的事情就是创始人员的激情与抱负。如果你决心要做成功一件事情，就必须要与事业时时刻刻待在一起。

马克·扎克伯格就时刻和事业待在一起，他有动力，有耐力，也有能力。马克是个天才，此外，他还有独特的专注力，这十分重要。肖恩看到马克每天早上四五点钟还在编程，就知道马克能在现代化、充满活力的硅谷创造出伟大的神话。

爱德华多现在人在哪里？更确切地说，爱德华多还算是公司的成员吗？

爱德华多看起来是个好孩子。从一开始他就加入这个项目。马克说过，爱德华多最初为服务器投了 1 000 美元。那是他的钱，此刻正在为网站运营提供资金。这自然让爱德华多有了一定的影响力，他就像初创公司的投资者一样。但除此之外还有什么呢？

爱德华多认为自己是一个商人，但那具体意味着什么呢？硅谷的重心不在商业领域，因为那是一场不间断的战役。在硅谷，你必须做一些商业课堂上没讲过的事情。肖恩没上过大学，他在中学的时候就开始创建 Napster 了。比尔·盖茨也是哈佛的肄业生。在硅谷，每个真正意义上的成功者都不是靠上课才取得成功的。他们勇于走出课堂，有时只背上一个行李袋，手里拿着一部笔记本电脑。

爱德华多没在这里。根据肖恩的判断，爱德华多对这里不感兴趣。肖恩头脑里已经把爱德华多排除在外了。肖恩有马克，有马克的团队，也有 TheFacebook。肖恩相信在自己的帮助下，马克他们可以把这个公司建设成一个价值 10 亿美元的项目，这种项目正是肖恩梦寐以求的。命运第三次垂青了他。肖恩睡在房间空角落里的一张床垫上，他的许多物品还没整理，他要开始工作了。

首先，他将帮他们弄清楚成为变革进程中的一部分意味着什么，因为肖恩·帕克看待事情的方式与硅谷的惯用方式相同。这场变革正在进行着，肖恩将用自己的方法向马克他们展示这个世界。

环顾房子四周，看看这些小伙子，看看他们的击剑装备和比萨盒，肖恩能感觉到，他们只需要稍微学习一下就能更好地安排自己的日常生活。毕竟，马克他们是在创建一个顶级的社交网站，他们至少应该明白什么是真正的社交。肖恩知道自己需要告诉他们“什么是可能的”。他是城里的摇滚明星，但他知道马克·扎克伯格最终可以超过他。TheFacebook 将会大受欢迎，马克在城里也会广受赞誉，尽管他总是给人一种忸怩的感觉，尽管他也有一些缺点。派对、高档餐厅、女孩——肖恩可以让马克拥有这一切。

至于爱德华多，很可惜他将错失与公司一同发展的机会。这种事情在比赛中很常见。爱德华多在合适的时间来到正确的地点，但现在地点已经发生了变化，时间也在飞速向前。爱德华多可以紧紧抓住网站不放手，但他已经显露出他不具备网站所需要的东西了。

可怜的孩子，肖恩暗自思忖着。

如果站在你旁边的小伙子被闪电击中，会发生什么事情呢？闪电会把你和他一起带到高空吗？

还是尽管你被闪电烧焦了，你依然会抓着闪电不放呢？

第 22 章　梦在加利福尼亚

美国航空公司的波音 757（民航客机型号）宽体客机开始在跑道上滑行，天上正下着瓢泼大雨。爱德华多把脸贴在圆形窗户上，可是除了雨之外，他什么都看不见。他不知道他们前面排着多少架飞机，因为这是在肯尼迪国际机场，还是周五的晚上，雨又下得这么大，所以他们很有可能还得在跑道上待一会。爱德华多原定于晚上 10 点到达旧金山，但现在他觉得凌晨 1 点才能到。马克和团队成员在机场接到他的时候他可能会感到疲惫，但他知道这并无大碍。从他们做计划的那天晚上开始，爱德华多就知道飞机会晚着陆。

飞机缓慢向前滑行，发动机的震动在爱德华多疲惫的身躯上反映出来，他背靠在窗边狭小的座位上，努力让自己舒服点儿。虽然他穿着自己平时穿的夹克和领带，但他觉得自己仍能在 6 个小时的旅行中睡上一觉。爱德华多上个月在纽约过得相当繁忙，每天 10 个小时都在路上奔波，与广告商、潜在的投资者、软件制造商以及任何对 TheFacebook 感兴趣的人会面，不管出于何种原因。然后在纽约各个俱乐部里吃晚餐，度过夜晚的时光，他大多数时候都是和凤凰社里那些来纽约度假的朋友在一起，当然他还和凯莉待在一起。凯莉现在在很多场合都自称是爱德华多的女朋友，爱德华多觉得她有些疯狂。

爱德华多从未后悔，他在第一天就辞去了实习生的工作。他在那个小隔间里坐了几分钟，当他想到他在接下来的 10 周都会坐在那个隔间里，盯着那堆需要进行分析的股票估价时，他突然意识到如果自己对他和马克在宿舍里共同创立的生意置之不理的话，他就不可能像他的爸爸那样成为一个真正的商人。爱德华多不由自主地担心起 TheFacebook 来，特别是在深夜里，他在想马克和他的团队在加利福尼亚做得怎么样了，他们进行到哪一步了，有没有什么进展，他们为什么不像以前那样经常给自己打电话了。

当爱德华多在那个硬邦邦的狭小座位上伸展胳膊时，他自嘲了一番。也许他开始和他的女朋友一样疯狂，觉得马克他们要甩掉他，他可能有些多疑了。这正是他搭乘今天最后一班航班赶到加利福尼亚的真正原因。他想亲自看看这边的情况以确认自己的担忧是否多余。

过了今晚，爱德华多敢肯定 TheFacebook 的一切事务都将恢复正常。他和马克以及团队成员会狂欢一下，再做点工作上的事情，一切都井然有序，一切都会随着一声起跑令而开始运转。

马克和他说过，肖恩·帕克帮他们弄到一场慈善派对的邀请，所有的企业大亨都会出席这场派对。那会很有趣，他们将有机会认识更多的投资者，包括风险投资公司的人、硅谷的重要人士，甚至还有几个网络界的名流。马克说，肖恩已经带他们参加了许多场类似的派对了。自从他们上个月来到加利福尼亚，马克已经体会到了这些地区所能提供的高平台。马克他们拼进了斯坦福、旧金山的硅谷，甚至还去了几趟洛杉矶的好莱坞进行高调的宣传。

肖恩·帕克认识那里的每个人，每个人也都认识肖恩·帕克。大家通过肖恩·帕克也认识了马克。不管怎样，TheFacebook 都不是这个街区中最重要的事情，但它渐渐地成了整座城市谈论的对象，似乎每个人都想见见这个大肆宣传的社交网络帷幕后面的那个天才少年。爱德华多每次跟马克通电话时，都会听到马克说爱德华多因为在纽约而错过了重要的事件、派对或晚餐，爱德华多越来越担心了。更糟糕的是，马克毕竟是马克，爱德华多当面都很难读懂他，在电话里，马克完全是一个谜一样的人。跟马克说话时，那种感觉就像是在跟一台电脑讲话。他听到你说的话，先理解消化一下，他只有觉得有必要回答时才会答复你一下，有时他一句话都不说。

爱德华多终于与广告商之间取得了一些实质性的进展。具体来说，就是他与 Y2M（广告商名称）达成了一致，同时得到了其他重要人士的承诺。即便马克听到这个消息时感到高兴，他也没有表现出来。公平点说，马克和他的团队夜以继日地工作，为网站添加其他功能，并和越来越多的学校签约。以他们现在的速度来看，TheFacebook 将在 8 月底拥有 500 000 多名会员，这是个相当惊人的数字，但随着会员人数的快速增长，新问题也随之而来。

最要紧的是，马克他们很快就会需要更多的钱。公司依然靠爱德华多存在美国银行里的 18 000 美元维持运营。开立这个账户时，爱德华多给了马克空白支票。广告收入暂时还不能满足网站的资金需求，因为 500 000 名用户会用掉很多服务器空间。不久，两个实习生将不能满足公司运营的需求。到时候马克他们必须要聘请真正的员工，拥有一间真正的办公室，聘请正规的律师……

爱德华多已经准备好和马克讨论这些事情——只要他能单独和马克待在一起，他就会提起这些事。肖恩·帕克不需要听到这些事情，他只是马克的房客，不论他带马克他们参加了多少场派对，这些事情都与他无关。

爱德华多突然听到他的口袋里有“嗡嗡”声，他朝飞机四周看了一眼，感到十分困惑，然后他突然意识到自己没关手机。当他坐在出租车上前往机场时，他的手机没有信号，但最终手机还是接收到了信号。爱德华多往窗外看了一眼，飞机仍然在柏油路面上滑行，他猛地把手机从口袋里掏出来。

他看了看手机屏幕，抿起了嘴唇。

23 条短信——全部是凯莉发来的。

凯莉现在在波士顿，她参加了暑期班，仍住在宿舍里。前一天晚上，爱德华多犯了一个愚蠢的错误，他在电话里告诉凯莉他要去加利福尼亚和马克以及那些男孩待上几天。凯莉的反应立马变得很强烈，还说了一大堆多疑的话，怀疑他们会与在 TheFacebook 上认识的女孩们开派对。这真是个荒谬的想法。爱德华多他们确实在 TheFacebook 上认识了一群女孩，而且他们在校园内外也都有了名气，都是这个网站的功劳。至少对马克来说是这样的，因为他的名字出现在网站的每一个页面上。

然而，凯莉太敏感了。爱德华多他们才不会随便和女孩开派对呢，他们要在硅谷大干一番。爱德华多给凯莉回了短信，让她先冷静下来。爱德华多记得他上次去凯莉宿舍时，在她的壁橱里给她放了个礼物，是件新夹克。衣服现在仍然包在礼品盒里。爱德华多让凯莉打开它，跟她说他在想她，叫她不要担心。

爱德华多关掉了手机，把它塞回口袋里。飞机的发动机猛地动了一下，机身向后倾斜，使他紧贴在硬邦邦的椅子上。难道他需要操心的事情还不够多吗？

他最不情愿做的事情就是应付一个嫉妒心强的女朋友。

“别担心，一切顺利。”

当爱德华多跟着马克走出航站楼时，他看到车子就停在路边。

这辆车很旧，他甚至都看不出是什么牌子的，整个车都在颤动。看起来其中的一个轮胎比另外三个稍微大一些，所以汽车底盘奇怪地倾斜着。换句话说，这辆车简直就是一堆废铁。

这似乎也在意料之中，因为马克几天前刚从克雷格列表网（Craigslist）[①]上买了这辆车。这辆车甚至都不用钥匙，只要按一下引擎装置就可以启动。这样也有好处，那就是不必担心有人把车偷走。

爱德华多把自己的行李袋扔进了后备厢，随后坐在汽车后座上。开车的是达斯廷，肖恩·帕克没有出现。马克解释说肖恩先行一步，开着他的宝马车去参加派对了，并且给他们留了一个贵宾桌。肖恩已经把爱德华多他们的名字告诉保安了，这样他们进去就没什么问题了。

这样也好，这样爱德华多就有时间与马克在离开机场的路上交流了。

大多数时候都是爱德华多在说，马克在听，这是他们之间交流的特点。爱德华多详细地讲述了与 Y2M 的交易，还谈到了他与其他潜在广告商之间取得的进展。他稍微提了一下融资计划，以及从 TheFacebook 每个广告商那里赚更多钱的想法。然后爱德华多跟马克说到了他那疯狂的女朋友，他从纽约飞来的途中，她又给他新发

① 克雷格列表，美国的一个信息发布网站，其中有大量的二手车交易信息。——编者注

了 12 条短信。

马克似乎把这一切都听进去了，但他只用了一个单词回复，这让爱德华多无法知道他的真实想法。马克用他经常说的那句话来描述他这边取得的进展和上个月在加利福尼亚做的事情，评价肖恩·帕克、实习生和他们的宿舍——“很有趣”。而这些话对爱德华多根本没有什么帮助。

在此期间，车子缓慢地在这座山城里拥挤狭小的街道上前进，这座城市的影像在他们旁边一闪而过。爱德华多认为这是他见过的最漂亮的地方，但他也心生疑惑——为什么那些房子看起来像是一座房屋建在另一座房屋的屋顶上？为什么有些蜿蜒的街道上铺满了鹅卵石，架设了缆车专用电线？这些街道是如何被建在高高的山顶上的？为什么有的角落看起来像明信片一样华丽古典，有的角落则有一群衣衫褴褛的无家可归之人围在一个正在燃烧着的垃圾桶旁边？

很快，爱德华多他们进入郊区，繁华的景象越来越少，无家可归之人越来越多。俱乐部比奥法拉地区还要远，位于一个肮脏的延伸路段上，那里到处都是支票兑换点、快餐店和按摩院。他们把车子开到一个普通的入口处，爱德华多看到入口外面排了一长队的人，一个穿着黑色西装带着对讲机的高个子男人站在门口。

“这看起来不错啊。”当达斯廷把车子停在一堆占用了路边很多空间的废铁旁边的时候，爱德华多这样说道。附近无家可归的人都没有多看他们的车子一眼。“队列中女孩子比男孩子多，这可是个好迹象。”

他们下了车，走到俱乐部前门。马克和平时一样有些畏畏缩缩，因此，爱德华多主动走在了前面，向那个戴着耳机的高个子男人走去。那个男人见他穿了夹克打了领带，然后又瞟了一眼马克和达斯廷。他们站在不远处，一看就是电脑程序员。爱德华多看着那个男人脸上的表情，他仿佛在说：这些孩子以为他们能进入这个地方吗？这里是旧金山，但即便是在这里，也是要讲规矩的。爱德华多把他们的名字报给那个男人，那个男人对着对讲机如实地重复了这几个人的名字。然后他耸了耸肩，感到诧异，之后打开了门。

这个地方光线昏暗，乐感强烈。里面分两层，楼顶低矮，无数闪光灯正在闪烁，玻璃楼梯蜿蜒向上，通向二楼的贵宾区，那里有许多圆形牛皮的雅座。音乐声很大，确切地说那是音乐和舞乐的混合声。穿着迷你裙和露脐上衣的女服务员穿梭在人群中，她们手里拿着托盘，托盘上面放着颜色鲜亮的马天尼（鸡尾酒之王）。这个地方真的非常拥挤，女服务员废了很大力气才使马天尼不洒出来。

爱德华多和他的朋友们向前走了还不到 10 英尺，就听到有个声音从楼梯那边传来。爱德华多看到肖恩·帕克正站在通往贵宾区的楼梯中间，兴奋地朝他们挥手。

“在这里！”

爱德华多他们几乎花了 5 分钟的时间才挤到楼梯的底部，他们把自己的名字告诉了另一个戴对讲机的保安，然后跟着肖恩去了贵宾区，并坐到一张圆形牛皮的桌子旁。肖恩拿起一瓶贵得离谱的伏特加，给他们一一倒上。

当他们坐好开始喝酒的时候，肖恩就开始讲他上次来这个俱乐部时发生的事。他上次是在一次颁奖典礼之后和贝宝的创始人一起来这儿的。肖恩语速很快，说话的方式也很奇怪，并且显得紧张兮兮的，还把酒都洒到了桌子上，他那双小皮靴还在敲击着地板。肖恩一直都是这样，爱德华多知道他脑子转的比谁都快。

在肖恩说话的时候，爱德华多不由自主地看了看他们的邻桌，因为那里坐了一群辣妹。确切地说，她们 4 个人一个比一个性感。其中有两个是金发女郎，她们穿着黑色的礼服，大腿又细又长。另外两个女孩是黑发女郎，不清楚她们是哪个国家的，其中一个女孩穿着紧身衣，另一个穿着面料很少的夏季连衣裙，别人轻易就能看到她的内衣。

爱德华多过了片刻才认出那几个女孩。她们是“维多利亚的秘密”的模特，曾在电视节目中出现过，她们是爱德华多见过的最好看的女孩。可爱德华多随后看到的一幕令他更为震惊：当肖恩还在喋喋不休地讲那些只有上帝才知道的事情时，邻桌的一个女孩朝两桌相连的地方侧了一下身，她正在和马克说话。

爱德华多觉得这简直不可思议。这个女孩的身子歪得有些过分了，她的紧身上衣都快包不住她那丰满的乳房了。她的褐色肌肤光滑油亮，裸露的肩部也在闪光灯下散发着光泽。她真的太美了，而且她在和马克说话。

爱德华多不知道对话的内容是什么，也不知道对话是如何开始的，但那个女孩看起来真的很开心。马克看起来却像是一个被迎面而来的卡车前灯照射而受到惊吓的动物一样。这个前灯多么华丽呀，马克没怎么回应她，差不多什么都没说，但那个女孩似乎并不介意。她微笑着，身体向前靠了靠，然后碰了一下马克的腿。

爱德华多吃惊地倒吸了一口气。坐在他旁边的肖恩还在不停地讲着，这个企业家现在正在复述他与红杉资本的斗争，他讲到那些疯狂的威尔士人是如何强迫他离开 Plaxo 的，他们雇用私人侦探，逼他从公司辞职。谁知道肖恩说的是不是真的，但很明显，硅谷确实存在斗争。肖恩发誓他无论如何都要报复那些威尔士人。然后肖恩又说起了 TheFacebook，他觉得 TheFacebook 不可思议，他觉得它会轰动世界。肖恩看上去真的对它充满信心。事实上，唯一使肖恩感到厌烦的事情是这个网站的名字里面有个“The”。他认为这个单词很多余，肖恩不喜欢多余的东西。

肖恩还是讲个不停，爱德华多一边坐在那里听他讲，一边注视着马克和那个女孩……

爱德华多看到马克突然站了起来，那个模特挽着他的手，带他走出贵宾区，走下楼梯，然后马克就消失了。

爱德华多的脑子里一阵眩晕。他看到的这一切是真的吗？马克刚才真的离开了吗？他还在和那个哈佛大学的亚裔女孩约会吗？

我的天啊！爱德华多敢肯定自己刚才看到马克·扎克伯格和一个“维多利亚的秘密”的专属模特回家了。

爱德华多觉得，这件事情最直接表明了肖恩·帕克的看法是对的：TheFacebook 将轰动世界。

4 天以后，爱德华多又坐上了那架美国航空公司的波音 757，这次还是靠窗的位置，他的头贴在他右手边的圆形窗户上，但这次外面没有下雨。天上仍飘着灰色的云，他思绪纷飞，脑袋里正下着暴雨。

爱德华多感觉浑身都不舒服。他的身体和他的头都很疼，而现在这样只能怪他自己。过去几天他们忙于生意，忙于制定策略，也忙于应酬。他们喝了好多好酒。从那个该死的派对开始，那天他们一直喝到凌晨 4 点多，那时俱乐部已经结束营业好几个小时了。爱德华多直到第二天才看到马克，马克对那个模特只字不提，但爱德华多觉得他们之间肯定发生了什么事。爱德华多越是追问，马克越是三缄其口，爱德华多越是觉得他们之间肯定有事情发生。爱德华多对此感到吃惊，这让人感觉世界好像完全颠倒了，现在他们深深地掉进了兔子洞里。

随后，情况愈加疯狂。爱德华多在旧金山这几天，肖恩接二连三地安排他与风险投资公司代表、软件公司代表以及对 The

Facebook 感兴趣的富豪一起共进晚餐、会面和进行正式郊游，结果很多人都对 TheFacebook 感兴趣。其实，爱德华多他们正被城里所有重要人士疯狂追逐着。情况已经发生了变化，现在到处都有人在谈论出价购买他们的网站，人们悄声说出的报价都是几百万美元。

请他们喝酒吃饭的人实在是太多了。爱德华多他们被带到旧金山最漂亮、最昂贵的餐厅用餐。通常，对他们感兴趣的人会派豪华轿车或崭新的越野车来接他们。有一次，因为马克的车子发动不起来，他们在一个早餐聚会上迟到了。他们要见的那个风险投资公司的人立马提出要给马克买一辆越野车。爱德华多知道那个人是认真的，而且那个人非常期待下次能看到马克开一辆新车来。

然而，最奇怪的会面肯定是爱德华多飞回纽约前一个晚上的那次会面。那天晚上他和马克被邀请至太阳计算机系统公司创始人的游艇上，结果那个人竟然喜欢吃外来食物，以喜好稀奇古怪的食品而闻名。他们谈论了几个小时的生意，之后船上的一名工作人员端上了一个闪闪发光的银托盘，盘子里放着一块纤维状的肉。爱德华多当时害怕去问那是什么肉，但那个人主动说了出来——那是考拉肉。爱德华多知道考拉肉不仅是外来食物，食用考拉肉还是违法的，可是如果他们拒绝食用这盘肉的话又会显得失礼。

爱德华多坐在飞机上，等待着发动机启动，但他还是不敢相信自己在一艘游艇上吃了考拉肉，在加利福尼亚北部最豪华的地方喝过酒，还听到别人轻声报出的数字，这笔钱会让他和马克变得非常富有。

不管他们给出多大的金额，爱德华多和马克都不会把 TheFacebook 卖掉。在他看来，这样做还为时过早。爱德华多知道 TheFacebook 还会升值。他们现在差不多已经有 500 000 名会员了，而且会员数量每天都在增加。即使他们什么钱都没赚到又怎么样呢？爱德华多不想卖掉 TheFacebook，马克也不想卖。谁会在意肖恩·帕克想要什么呢？他又不是管理层的一员，他只是一个顾问。肖恩也没参与公司的运营，他什么都不是。

当又一波灰色情绪进入爱德华多的大脑中时，他又露出了痛苦的表情。爱德华多随后感觉到了熟悉的震感，再次意识到自己又把那该死的手机忘了。

爱德华多猛地从口袋里掏出手机。他看到有个电话打进来，是凯莉打来的。自从爱德华多来到加利福尼亚以后，他就尽量避免和她说话。

爱德华多想要把手机放回口袋中，但他知道还要再过几分钟飞机才会起飞，所以他觉得现在这个时间刚刚好。

他按了一下接听键，把手机拿到耳边。

凯莉正在电话的另一端哭泣，电话另一端传来响亮的汽笛声。爱德华多睁大眼睛，精神开始紧张起来。

“到底发生了什么事？”

凯莉一边哭泣，一边快速地说着。爱德华多来到加利福尼亚之后，好多天都没给她打电话了，所以她按照爱德华多的指示，找到了他留在她宿舍壁橱里的礼物。然后凯莉用火点燃了那件礼物，一起被烧掉的还有爱德华多放在凯莉抽屉里的很多衣服。凯莉的整个宿舍差不多都被烧毁了，消防队也来了，他们用灭火器把火扑灭了。现在他们正在考虑要不要把凯莉抓起来。

爱德华多闭上眼睛，摇了摇头。这就是有一个疯狂女友的乐趣之一。

你永远都不知道凯莉接下来还会做什么。

第 23 章　无奈的决定

两秒钟。

这两秒钟决定了你会成为被人铭记的冠军，还是会成为被人忘记的路人，也决定了你的名字会被刻在奖牌、奖杯和墙上，还是你只带着回忆和缎带回家。

就差两秒钟。

泰勒的身子向前倾，他觉得自己整个人都要垮掉了。他浑身无力，长满老茧的手正无力地从船桨上松开。赛艇依旧漂在水面上，以比赛的速度前进着，但比赛已经结束了，虽然泰勒自己不这么认为。荷兰队仅以两秒钟的优势险胜他们，这从河岸传来的欢呼声便可知晓。正在朝着他们的朋友和队友呼喊的是荷兰人，而不是少数绕半个地球跑来看泰勒和他兄弟划船的美国人。事实上，泰勒知道能参加亨利皇家赛艇比赛就已经是一种殊荣了，这对他今后的人生来说，也是一段宝贵的经历。这项赛事自从 1839 年以来，每年都在英格兰最长最直的一段自然水域上进行。那段水域位于泰晤士河上，在古色古香的中世纪城镇亨利镇上，它的历史可以追溯到 1526 年。

这个城镇就像一个童话世界，镇上还有历史悠久的古建筑，在这次的 5 天赛程中，很多时候，泰勒和他的兄弟都跟他们所寄宿的家庭的主人一起在狭窄的街道漫步，在酒吧、教堂和商店之间穿梭。

在这一周中，他们感受到了这座城镇的文化氛围。泰勒他们来亨利镇是有原因的，他们是来这参加优胜杯的比赛的，和世界上最好的赛艇选手角逐。虽然他们尽力了，但还是与胜利失之交臂。

就慢了两秒。

泰勒他们走上码头去参加颁奖典礼，那时许多观众已经离开了服务区。那是一个面积很大的看台，只有会员和会员的客人才能进入。人群也在漫无目的地乱挤乱转，等待着艾伯特王子来颁奖。从近距离看，王子显得矮多了，但泰勒非常开心，因为这位王室成员和他握了手，似乎还记得他的名字。艾伯特能去那里颁奖本身就让人感到幸运。往年通常是由一位地位低些的王室成员颁奖，但艾伯特专程从摩纳哥赶来，为了向他的祖父杰克·凯利表达敬意。他的祖父是当时最好的赛艇选手之一。然而，具有讽刺意味的是，杰克·凯利因为做过瓦匠而被禁止参加亨利皇家赛艇比赛。现在艾伯特想通过亲自主持这项赛事来弥补以前的缺憾。

神采飞扬的王子只与泰勒和卡梅伦握了握手。真正的奖杯属于荷兰队，他们优雅地接受了这份荣誉。看着别的选手高举奖杯，泰勒心里有些酸楚，但他是一个拿得起放得下的人，他和人群中的其他人一道，向胜利者鼓掌祝贺。

之后，泰勒和卡梅伦一起走进服务区，他们寄宿家庭的主人是服务区的会员，他给了泰勒他们徽章。后面的几分钟里，泰勒他们在欣赏英国赛艇迷们穿的那些古怪的装束。他们身着颜色鲜艳的夹克和领带，穿着飘逸的长裙，戴着遮阳帽。现在是 7 月的第一周，阳光直射，但没有人在意炎热的天气，也许是因为服务区里有 4 个吧台，一个带有遮阳棚的午餐区和一个饮料帐篷吧。

“虽然没能把他们所有人都打败，但你们干得不错，只差一点点就胜利了。”

当泰勒认出站在服务区后方的寄宿家庭的主人时，他强作笑颜，这位主人正从一群朋友中分出身来，艰难地朝泰勒他们这边挤过来。这个男人身材矮胖，50 多岁，面颊红润，鼻子扁平，有一双深邃的蓝眼睛。他平易近人，是伦敦的一名辩护律师，他工作的地方离这里只有 35 英里，25 年前他是牛津大学的一名赛艇手。从那时起，他从来没有漏掉一次亨利镇的赛艇比赛，而且 10 年来，他一直都在为来自各个地方的参赛选手提供寄宿。

“谢谢，”泰勒回复道，努力让自己表现得很乐观，“那是一场艰难的比赛，但荷兰队值得拥有这个奖杯，因为他们比我们更努力。”

泰勒清楚他说的是什么意思。一般而言，赛艇比赛的最后成绩不会靠得那么近，荷兰队以快两秒的时间获胜，这听起来虽然没什么新意，但那只不过是谁想得到更多荣誉的问题。

“我女儿拍了些不错的照片，”这位律师说道，“但很遗憾她现在已经回家了。”

“也许她可以发电子邮件给我们。”卡梅伦插嘴道。一个不认识的人递给他们每个人一个烟色玻璃杯，里面装满了温热的啤酒。这个传统习惯让人很难适应，但泰勒和卡梅伦自从来到亨利镇就一直在学着适应这些事情。

“噢，你们用 TheFacebook 吗？”

泰勒愣了一下，装满啤酒的杯子抵在了他的嘴唇上。他不知道自己是不是听错了。当然在过去几个月里，泰勒已经听到很多人在谈论那个该死的网站，但他从没听到英国人提起过。他从没想过会在泰晤士河畔的一个中世纪的英国城镇里听到人们谈论它。

“您能不能再说一遍？”泰勒结结巴巴地说，希望自己刚才是真的听错了。

“你知道那个网站吧。我女儿跟我说美国的大学生都在用那个网站。她刚从美国读了一年书回来。她一直都在那个网站上。我敢肯定你们任何时候都能在网站上找到她，她可以把那些图片用电子邮件发给你。”

泰勒瞥了一眼他的兄弟，他知道卡梅伦与他的感受相同。即使是在这里，在大洋的另一端，在离哈佛上万英里的地方，人们也在讨论 TheFacebook。虽然只有美国的大学生才能使用这个网站，但谁又知道有多少所大学正在使用它呢？30 所？40 所？还是 50 所？它在以泰勒他们没曾预想到的速度爆炸式地发展着。

与此同时，ConnectU 却停在了原点。尽管 ConnectU 也有很多功能，并同时在好几所学校开通，但它无法与 TheFacebook 病毒般蔓延的态势抗衡。不论是受制于先发优势，还是因为人们更喜欢 TheFacebook，ConnectU 只不过是社交网站上的一朵昙花。

TheFacebook 就像一只怪兽，一路上披荆斩棘。

泰勒强颜欢笑，与律师聊了一小会儿，试图把 TheFacebook 这个话题撇到一边，但一些思绪始终在他的心中翻腾，在过去 4 周里，他一直都在与这些思绪做斗争。

泰勒、卡梅伦和迪维亚曾试图摆脱愤怒的情绪和挫折感，也曾尽力挽回不利的局面，但没什么效果。泰勒他们也建立了自己的网站，并想了很多方法试图追上 TheFacebook 的脚步，但他们无法与之抗争。大学生会加入他们朋友所在的社交网络，不会加入某个他们从没听说过的网站。TheFacebook 已经碾压了所有竞争者。

其实泰勒他们已经被打败了。哈佛对此事置之不理，马克对他们的邮件和终止信也不予理睬。拉里 · 萨默斯实际上已经告诉他们现在只有一个选择了。然而到目前为止，他们还是不愿意做出这样的选择。

泰勒和卡梅伦从他们父亲的公司那里得到了对法律诉讼的简单认识，华尔街到处都是律师，泰勒他们也听过很多有关民事诉讼的故事。他们知道不论诉讼的最终结果是什么，诉讼本身就是一件不好的事情。那是最后的办法，但现在泰勒他们的处境也很无奈。一个孩子用电脑打败了他们，这个孩子不仅不自责，还让他们别无选择。

泰勒还知道不只是法律程序会使这件事变得丑陋，他还能想象出媒体会如何报道这件事。泰勒是个有自知之明的人，他能猜到人们会说什么，会把他和他的兄弟跟马克·扎克伯格放在一起做比较。《哈佛深红报》已经在好几篇评论文章中对泰勒他们展开了攻击，有个作者甚至称他们为“尼安德特人”。那篇文章的作者是一个女孩，她曾和泰勒在坡斯廉俱乐部的兄弟约过会。文章通过讲述女孩与那个男孩的关系，揭露了最后俱乐部“邪恶”的本质。她也表明如果泰勒他们对马克·扎克伯格提起诉讼的话，他们将会面临什么情况。

如果这是一部 20 世纪 80 年代的电影，泰勒和卡梅伦当然会被当作坏孩子。这样的孩子往往穿着有骷髅图案的衣服，在学校舞会上追逐着“龙威小子[①]”。但事实上，泰勒他们是运动员，而且家庭条件不错；马克只是个毫不起眼的极客，靠黑客行为才备受关注。这是一场阶级斗争，记者不会不重视的。家境优越的孩子认为制定法律的目的是保护他们的权利，让他们与打破规矩的黑客对抗。这是荣誉准则与黑客准则之间的斗争。

泰勒知道人们会怎么看待他和他的兄弟。

如果那样做能争取到正义，那他们愿意穿上有骷髅图案的衣服去试一试。

马克·扎克伯格让他们别无选择。

① 龙威小子，比喻经常遭受欺负的男孩子。——编者注

第 24 章　威胁

爱德华多闭上了眼睛，心怦怦直跳，汗水从后背流了下来。

爱德华多生气了，这是肯定的。我们不知道他现在在哪里，也许他正痛苦地在纽约的街道上徘徊，也许坐在飞驰的地铁之中。爱德华多的手臂绕在一根黏黏的镀铬柱子上，一群陌生人从各个方向挤压着他，他的身体因此前后晃动。但无论身在何处，爱德华多都是怒气冲冲的，他想做点能改变他人生轨迹的事情。

这一切都要追溯到三天前。那时，爱德华多情绪高涨。他刚从加利福尼亚回来，迅速与凯莉分了手，把她那起伏不定的情绪扼杀在了摇篮里。爱德华多在纽约万事顺利，也对与 Y2M 和其他潜在广告商之间的合作进展感到满意。因此，爱德华多给身在 La Jennifer 街的马克打了个电话，打算向他汇报一下情况——那也正是事情开始走下坡路的时候。

如果说马克不认可爱德华多在纽约的努力，这样会有些夸张。在爱德华多看来，当他在电话里汇报自己在纽约都做了些什么的时候，马克几乎都没在听，马克迅速把话题转移到了其他事情上。他说肖恩·帕克昨晚带他们参加了一个派对，那是斯坦福女生联谊会，派对上有许多美酒。

后来，谈话又变成了马克通常的说辞。马克觉得爱德华多应该搬到加利福尼亚去，因为那里有无限可能。在那里，他们可以安心的进行电脑编程，与潜在投资者交流，与风险投资公司以及软件公司的老板会面。马克实际上是在暗示爱德华多待在纽约是在浪费时间，硅谷拥有 TheFacebook 所需要的一切。

爱德华多曾努力表明纽约也是一个重要的中心城市。那里有广告资助，也有银行关系，这些都是初创公司所需要的，但马克根本不想听。后来发生的事情使情况变得更糟糕。肖恩·帕克抢过电话，立即说他正准备把两个潜在的投资商介绍给马克。事实上，肖恩说这些投资商已经准备真正投钱给 TheFacebook 了。如果马克喜欢他们，他们也喜欢马克的话，事情很快就会有进展。

爱德华多基本上是输了，输在了电话里。他快速跟肖恩解释说，他负责 TheFacebook 在商业方面的运营，与投资者会面必须要叫上他一起。肖恩到底为什么要安排那样的会面呢？在爱德华多看来，寻找潜在的投资者甚至都不是马克的工作，他只需要负责公司在电脑方面的事情。肖恩根本就是个局外人，他只不过是一个客人。

打完第一通电话，爱德华多的情绪开始从挫折感转变为愤怒。因此，他做了一件冲动的事情。他这样做也许是出于愤怒，也许是因为在那种情况下就该那样做。他想让自己平静下来，也是为了让马克知道把他当成局外人是一个错误的决定。

爱德华多迅速写完了一封信，信中重申他和马克之间的商业关系。具体而言，他提到了他们开始创立 TheFacebook 时的协议，爱德华多负责公司商业方面的事情，马克应该在加利福尼亚搞电脑编程。此外，爱德华多还写自己拥有公司 30% 的股份，因此有权阻止马克他们接受任何投资。马克必须接受现实，爱德华多希望得到一份书面确认，这样他就能以他认为合适的方式负责公司商业方面的事情了。

当爱德华多在写这封信的时候，他就知道马克 · 扎克伯格那样的人对此类信件是不会有什么反应的，但爱德华多还是想把事情讲清楚。当然，肖恩 · 帕克带他们去参加了一些比较酷的派对，甚至还帮马克和一个“维多利亚的秘密”的模特搭上了关系，但在爱德华多看来，肖恩没有参与到 TheFacebook 之中。爱德华多是 CFO，他提供资金才使 TheFacebook 的创立成为可能，现在他仍然在提供资金，保障马克他们在加利福尼亚工作，所以即使他身在纽约，也有权为 TheFacebook 的事情做决定。

收到爱德华多的信之后，马克在爱德华多的语音信箱中留了一大堆消息。他再次请求爱德华多搬到加利福尼亚，说那里真的很棒。在他那奇怪的世界观看来，公司的一切都进展顺利，没必要去为一些没有意义的事情争吵。最终，爱德华多给马克回了电话，事情变得更糟了。

马克说他已经见过肖恩·帕克向爱德华多提起的那两个投资商了，他们真的有兴趣投资 TheFacebook。他们会给 TheFacebook 一笔钱，这样网站就可以继续快速发展下去了。TheFacebook 已开始陷入严重的债务危机，网站需要钱。越多的人注册使用 TheFacebook，它就需要越多的服务器来处理网站流量，很快马克他们就必须聘请更多人来做这些事情。

然而，爱德华多认为马克的话偏离了主题。在他看来，马克是故意不理会那封信的旨意的，而且他还在爱德华多不在场的情况下参加了商业会面。马克这样做不仅是踩在了爱德华多的脚趾上，他和肖恩·帕克简直就是在砍掉爱德华多的双脚。

也许马克觉得爱德华多并没有当真，他写那封信只不过是为了宣泄自己的情感。从某种意义上来看，事情也许就是那样，但马克的态度真的让爱德华多十分生气。爱德华多认为，马克在加利福尼亚花着他的钱过着快乐的日子。他们在加利福尼亚租房子、买电脑设备、租服务器的钱都是由爱德华多在银行开立的账户提供的。爱德华多是从自己的个人账户里拿出钱来为网站提供资金的。爱德华多在为一切买单，马克却忽视他，把他当作生气的女朋友一样不予理睬。

也许爱德华多反应过激了，但事情已经过去三天了，他还在纽约生着气。他觉得自己必须做点什么让马克知道自己的想法。

他必须向马克发出一个信号，一个马克绝不可能忽略的信号。

我们可以想象一下接下来会发生什么：爱德华多走进了市中心一家美国银行，他脸上的表情十分决绝，他的衬衫被汗水浸透，这要么是因为乘坐了地铁，要么是因为在一辆出租车上待了 20 分钟。

出纳柜台在银行前部的长方形区域，爱德华多径直走过出纳柜台，直接走进分行助理办公室。那位银行职员是个中年人，有点儿秃头，他示意爱德华多坐下，并询问他需要什么帮助。这时爱德华多已经把存折从口袋里拿出来了。他把这个小册子扔在那个人面前的办公桌上，严肃地瞪着那个人。

“我想冻结我的银行账户，还想取消与这个账户相关的所有支票以及信用额度。”

当那个人开始办这些手续时，爱德华多感到体内有一股肾上腺素涌出来。他知道自己做得有些过了，但这能传递给马克一个信号，让马克知道爱德华多有多当真。真的，在爱德华多看来，是马克的错误行为导致了爱德华多现在的做法。当爱德华多最初为 TheFacebook 开立美国银行账户的时候，他给了马克一些成为账户共同所有人需要填写的表格，还有为加利福尼亚的运营提供资金的空白支票。但马克就是马克，他从没填写过那些文件，也从没把自己的钱存入公司账户中。马克很乐意用爱德华多的资金来维持公司运营，爱德华多仿佛成了他的个人银行。马克作为爱德华多的合作伙伴，却在公司做决策的时候甩开了爱德华多，爱德华多必须要让他知道这样做是不对的。他必须让马克知道怎样才算得上好的合作伙伴。爱德华多不在乎 TheFacebook 每个页面都被写上“由马克·扎克伯格制作”的字样，公司本身就是大家共同努力的结晶。爱德华多是一个商人，他这样做完全出于商业原因。

爱德华多看着银行职员正在电脑键盘上敲击必要的按键来冻结 TheFacebook 的银行账户。有那么一两秒钟他也许在想自己是不是有些过了。如果爱德华多真这么想的话，那么另一个场景完全可以让他打消这样的念头：马克和肖恩一起坐在肖恩的宝马车里，在加利福尼亚四处乱逛，他们与投资商会面，也许还在嘲笑爱德华多试图管住他们的想法。

当马克他们打算把下一张空白支票兑换成现金时，他们肯定会笑不出来的。

第 25 章　绝处逢生

这一次，变革不会以“砰”的一声开始。

肖恩·帕克觉得变革将以电梯里的“呼呼”声开始。电梯在旧金山一座巨大的摩天大楼里快速上升，扬声器中传来一首严重变调的甲壳虫乐队的歌曲，歌曲音调柔和，感情充沛。电梯顶端装着荧光灯，灯光照亮了铺着地毯的立方体电梯。

肖恩不得不承认，这个场景富有奇怪的诗意。它可能会开启下一轮数字社会的大变革，而这个具有划时代意义的时刻居然伴随着电梯里打击乐的声音。

肖恩紧挨着马克，站在空旷的电梯里，他尽力抑制住自己想笑的冲动，不停地抬头看闪烁的楼层数字，电梯正把他们送上摩天大楼。这座大楼有 52 层，现在电梯正运行到第 9 层和第 10 层之间，并以不可思议的速度上升着。随着高度的变化，肖恩觉得自己的耳朵里有“嗡嗡”声。这是件好事，在短短的几秒钟里，他听不到背景音乐，这能帮助他整理自己的思绪，或者至少可以运用自己的高智商将思绪归纳得更有条理一些。

事情进展得很快，甚至比肖恩预想的还要快。肖恩只不过在几周前才和电梯里站在他旁边的这个古怪天才搬到一起，而现在他们在电梯里一起去参加一场会议。这场会议可能会使他们之间建立合作伙伴关系，这种合作伙伴关系将会改变网络自身的面貌。肖恩第一次在斯坦福大学的宿舍里看到 TheFacebook 时，就设想这个网站将会价值 10 亿美元，这个机遇正好能帮助他们实现这个设想。

肖恩看了一眼站在他旁边的这个 20 岁的小伙子。如果马克有些紧张的话，那么他一点儿也没表现出来。更准确地说，马克比平时看起来更自在，他的表情十分冷漠，眼睛盯着电梯门上方那些不断增加的数字。

自从在帕洛阿尔托的街上偶遇后，肖恩已经十分了解这个古怪的天才了，而且肖恩真的开始喜欢他了。当然，马克的性格有些奇怪，“社交迟钝”这个描述都不足以形容他那冷漠的行为。尽管这个孩子在自己的周围建立了堵堵围墙将自己围起来，但肖恩知道自己对这个天才少年的认识不会有太大的偏差。马克聪明、有抱负，还有一种略带挖苦的幽默感。大多数情况下，马克是一个安静的人。肖恩已经带他去过很多场派对，但马克在派对上一直显得很不自在。他更喜欢待在电脑前，有时一坐就是 20 个小时。马克的女朋友还是他在大学认识的那个女孩，他们大约一周见一次面。当他坐在电脑前面感到厌烦时，他喜欢出去兜风。除此之外的其他时间里，马克就是一个编程机器。他每分每秒都和自己创立的公司待在一起。

肖恩不能对一个刚起步的企业家有过多的要求，有时他不得不提醒自己，站在他旁边的这个孩子还不到 20 岁。虽然马克的生活方式还有些不成熟，但他的注意力相当惊人，肖恩相信马克愿意为网站的继续发展做出必要的牺牲。因此，肖恩觉得他们即将采取的行动是正确的。肖恩他们匆忙赶去参加的那个会议将成为他们亿万美元梦想的催化剂。肖恩曾在他成功创立的两个公司中与这个梦想失之交臂，5 年以来，他目睹了新兴的硅谷经历的萧条与繁荣。

从另一种角度来看，肖恩得感谢爱德华多·萨瓦林促成了事情的快速发展。过去几周，如果没有爱德华多的行动，他也许要花一整个夏天的时间才能让马克进展到现在这个地步。爱德华多通过最离奇和最意外的方式帮助肖恩把马克向前推了一大步。

首先是那两封愚蠢的信。肖恩觉得那封信像是一封绑架者写的索要赎金的信，信的内容看起来像是从报纸和彩色杂志上摘取的只言片语。爱德华多在信中威胁马克，还对他提出了要求。肖恩觉得爱德华多没有自知之明，他在纽约管理着互联网公司的商业运作，他的合作伙伴在加利福尼亚创建网站，这样的想法简直荒谬到极点。他还将自己在公司拥有的 30% 的股份作为某种武器和马克叫板——真不知道爱德华多是发什么神经。

马克仍试着心平气和地和他的朋友解决问题，肖恩也跟他在一起，试图使问题得到缓解。真的没有必要把那封信看得那么严重，那只是一个孩子在绝望之中的请求，他希望能更多地参与到公司的发展当中，马克对这一点也是认可的。

马克和他的朋友还未想出解决问题的办法，可爱德华多做得有些过分了。他冻结了公司的银行账户，有效地扼住了马克和达斯廷的喉咙，但这个简单的举动就已经命中公司的要害。爱德华多的行为可以轻易地让马克的一切努力付诸东流。因为公司没有钱是无法运作的。哪怕服务器只暂停一天，都会对 TheFacebook 的声誉造成伤害，这种伤害是不能弥补的。用户是善变的，Friendster 就一次次地证实了这个道理。如果人们决定离开这个网站的话，这很快就会变成一场灾难。即便小规模的用户外流也会对整个用户层造成很大的影响，因为用户之间有着千丝万缕的联系。大学生之所以待在线上是因为他们的朋友也待在线上，一个多米诺骨牌倒下会导致全盘崩溃。

也许爱德华多没有真正意识到自己做了什么，也许他这样做只是因为生气和受挫，可是谁知道到底是为什么呢？但在肖恩看来，爱德华多幼稚的控制欲使他难以成为公司发展道路上的重要一员。那是小孩子的行为，不是一个商人应该做的。他就像在操场上玩儿的小孩，对他的朋友吼叫道："如果你不按照我说的做，我就把我的玩具拿回家去！”爱德华多拿走了他的玩具，而现在马克已经做出了一个即将改变 TheFacebook 命运的决定，这是爱德华多没有想到的。

首先，在肖恩的指导下，马克将公司重组为特拉华州的某个公司，这既是为了防止爱德华多再一次一时兴起，同时也是为了重组。如果想要筹集到公司发展所需要的资金就必须这么做。另外，马克也汇集了一些他能争取到的资源，并把他自己的钱也投进公司来救急。马克取出自己在大学存的钱，那些钱是他用来交学费的，他还设法弄到了钱让服务器能继续运行下去，但公司很快就会面临财务危机，马克必须要重视这个问题。

此外，马克面对的还不光是服务器问题和雇用新员工的问题。几天前，马克他们收到了一封律师事务所的来信，事务所是受 ConnectU 的创始人文克莱沃斯兄弟委托，马克在学校时，他们曾邀请马克帮助他们完成一个约会网站。这封信是提起诉讼的第一步，在肖恩看来，这是对 TheFacebook 的某种警告。

在收到律师事务所的来信之前，肖恩就已经详细地跟马克谈过关于 ConnectU 的现状，他也自行做过一些调查。肖恩觉得文克莱沃斯兄弟非常讨厌，但他们并不会对公司的未来构成真正的威胁，最多算是一个小隐患。肖恩认为他们的申诉没有根据，而且比较夸张。在马克想出 TheFacebook 这个主意之前，即便他没怎么为那个约会网站工作过又能怎么样呢？现在社交网站有上百个，宿舍里每个极客都在编写和 TheFacebook 类似的程序，但这并不意味着他们都要吃官司，而且社交网站的核心都是大同小异的。马克认为一把椅子可以有无数种设计，但那并不意味着每个设计椅子的人都在使用从别人那里偷来的主意，肖恩也是这样认为的。如果非要这么说的话，那么文克莱沃斯兄弟在一开始就借用了 Friendster 的想法。从根本上来说，ConnectU 也不算是他们发明的。马克没做错什么，这样的事情在硅谷的企业家看来并不稀奇，他们已经经历过很多这样的事情了。

即便如此，如果文克莱沃斯兄弟执意要向马克提起诉讼的话——从这封法律信件来看他们确实会这么做，马克最多要花 20 万美元为自己辩护。这意味着马克需要迅速筹集更多的钱。肖恩和马克肯定不会把公司卖掉的，他们需要一笔天使投资来帮助他们渡过难关，直到公司完成估价，可以解决这些问题为止。肖恩希望自己能有那么一笔钱来帮助马克，但由于 Napster 和 Plaxo 都无疾而终，他根本拿不出钱来帮助马克维持 TheFacebook。

肖恩做了他最擅长的事情，他找了关系，这个关系对未来非常重要，会让 TheFacebook 拥有它应有的前景。

电梯上方的数字在不停地变化着，肖恩他们离目的地越来越近，肖恩知道自己又做了正确的事情。马克要做的事就是到达会场，此时他们正在路上。

肖恩用余光再次打量了马克，也同样没有引起他的注意。他提醒自己，马克的沉默并不意味着什么。当时机来临时，这个孩子会表现得很好。肖恩只需要马克有 15 分钟的出色表现就够了。

“你知道吗？《摩天大楼失火记》那部电影就是在这里拍摄的。”肖恩一边说着，一边试着让电梯里的气氛轻松起来。他觉得自己从马克的嘴角看到了一丝淡淡的微笑。

“真不错。”马克呆板地回答道。肖恩敢肯定他是在说反话，而且还勉强露出了一丝笑容。

这个地方适合开会，这样说不是因为那部电影，而是因为这是这座城市中最令人难忘的标志性建筑。这个大型建筑物位于加利福尼亚街 555 号，曾是美国银行的总部，堪称建筑界的一个奇迹。这是一座巨大的、精美的花岗岩大楼，有着成千上万个凸窗，站在窗边可以欣赏到几英里外的风景，它那 750 英尺的尖塔耸立在城市金融区的中心。

肖恩他们要去见的那个人和这座大厦一样令人着迷，不管是从个人声誉的角度来看还是从他已经取得的成就来看。

“彼得会喜欢你的。”肖恩对马克说，“15 分钟，进去了再出来就好，你这样做就可以了。”

事实上，肖恩敢肯定他是正确的。彼得 · 蒂尔是成功企业贝宝公司的创始人，是拥有数十亿美元资产的风险投资基金克莱瑞姆资本管理公司的主席。他以前是国际象棋大师，现在是美国最富有的人之一。他令人望而生畏，说话的语速也很快，是一个真正的天才。他也是拥有勇气和远见的天使投资人，能明白 TheFacebook 具有巨大的潜力和创新力。因为彼得·蒂尔跟肖恩·帕克和马克·扎克伯格一样，他觉得自己不仅是一个企业家，还是一位变革者。

蒂尔毕业于斯坦福大学法学院，是个出了名的自由派。在法学院期间，他创办了校园刊物《斯坦福评论》，他坚信信息自由交换是有价值的，这一点也正是 TheFacebook 在它的社交圈里所体现的。蒂尔一直都在私下里积极寻找下一个有意义的投资，肖恩也知道蒂尔对社交网站领域感兴趣。

肖恩之前从未直接与蒂尔合作过，但他促成了蒂尔对 Friendster 的小额投资，肖恩一直在留意贝宝 CEO 这个位置，万一机会出现了呢？

电梯在上升，一层层地上升，直通蒂尔的办公室。办公室是由玻璃和铝合金建成的，蒂尔和雷德·霍夫曼在办公室等他们。雷德·霍夫曼是蒂尔在贝宝的同事，也是领英的 CEO 和共同创始人。办公室里还有马特·科勒，他是一名优秀的工程师，也是硅谷冉冉升起的新星，他们正等着听这个最近引发网络风暴的天才小子推荐他的网站。

如果蒂尔喜欢马克所说的那些话，肖恩会高兴得不知所措，TheFacebook 引发的革新将真正开始。

50 万美元。

3 个小时后，肖恩安静地站在马克的旁边，满脑子都在想着蒂尔说出的这个数字。电梯下降的速度很快，他看着电梯门上方闪烁的数字渐渐变小，电梯将到达位于加利福尼亚街 555 号这座花岗岩大楼的大厅。

50 万美元。

相对于事情的整体规划，这当然不是一个大数字。这笔钱不能改变人生，也不能建立一个帝国，当然也不能随意挥霍，这笔钱甚至都没有马克在中学时期发明播放器插件时拒绝的那笔钱多。他根本不在乎钱，不在乎从朋友那里借来开公司的 1 000 美元，也不在乎大公司抛给他的百万美元。据肖恩了解，马克现在仍然不在乎钱，但他无法忽视那 50 万美元承载的情感，无法忽视他在哈佛宿舍一手创造的公司的大好前景。

彼得·蒂尔正好具备肖恩和马克所需要的东西。他令人望而生畏，十分聪明，也愿意与他们合作。此外，他把 15 分钟的推荐会时间变成了午餐时间，随后，他们整个下午都在讨论交易的细节，这场交易能让 TheFacebook 永久地生存下去。后来，蒂尔希望肖恩和马克先离开，在城里稍微逛一下，方便蒂尔、霍夫曼和科勒对马克他们的陈述进行讨论。就在那天下午结束之前，蒂尔告诉马克他们这个好消息：他们将对 TheFacebook 进行投资。

公司即将更名为“Facebook（脸书）”。这是肖恩的主意，因为他讨厌网站的名字里有“The”，最后他找到马克，希望马克在公司重组时把“The”去掉。现在看来重组势在必行，这是得到那 50 万美元天使投资的必要步骤，这项投资能救马克他们的命。

蒂尔把那笔钱叫作“种子资金”，这笔钱足够让他们度过接下来的几个月。此外，他保证在时机成熟时，在马克他们有需要时投入更多资金。作为交换，蒂尔将得到重组公司 7% 的股份，还将拥有董事会的一个席位。董事会由 5 人组成，将带领公司向前发展。马克仍将控制董事会的大多数席位和公司本身。在公司重组之后，他仍然拥有公司的大部分股份，但蒂尔将会成为一个主导人物，带领肖恩和马克一起发展。这样真是太好了。

肖恩站在电梯里，听着滚石乐队严重变调的背景音乐，他感到恶心，想吐在电梯里。那个时刻真的让人难以忍受，但肖恩知道还有别的事情要做，公司这次重组将会制造一个相当紧张的局面。

重组公司是必要的，蒂尔和肖恩都这么认为。Facebook 必须成为一个全新的实体，摆脱其宿舍的起源并进入一个新的状态。马克他们将重新发行股票以表明公司新的结构，他们要让蒂尔和肖恩加入。自从肖恩搬进那所房子开始，他就一直作为马克的伙伴在为公司操心。此外还要把达斯廷和克里斯纳入。

剩下的就是爱德华多的问题了。起初，马克征得肖恩的同意，决定爱德华多仍然持有公司 30% 的股份。这样做是为了把爱德华多纳入，并让他按自己的意愿参与公司的事务，但新公司会有新的规定，也必须要有新的规定。在公司发展过程中，如果有必要，公司必须有能力发行更多股票，这样才能保证商业运行。之后，公司会根据个人对公司做的贡献来分配股份。这不再是某个宿舍项目，而是一家真正的公司，拥有真正的投资者。人们必须得到报酬，就像其他公司一样，不然的话就无法根据 Facebook 取得的成就进行真正的估价。

这意味着如果马克、达斯廷和肖恩他们努力让公司获得成功，他们将得到更多的股份。如果爱德华多在纽约为公司寻找到更多广告商伙伴的话，他也能获得相应的股份。但如果他没有为公司做贡献的话，那么他的股份就会减少，每个人都是一样。如果将来马克他们需要筹集更多的资金，他们的股份也将减少。

在肖恩看来，爱德华多做了件可怕的事情。他在公司最脆弱的时候威胁了公司。马克似乎并没有因为这件事情而憎恨爱德华多，他没有能力也没有兴趣去憎恨任何人，但肖恩认为爱德华多已经表明了自己对公司的态度。对马克、达斯廷和肖恩而言，Facebook 是他们的一切，是他们的命根子。

其实马克在会议上告诉过蒂尔，也许自己在假期结束后不会回到哈佛，他要待在加利福尼亚继续自己的事业。马克原本打算每个月回一趟哈佛，但如果 Facebook 发展迅猛，他也不知道什么时候才能回哈佛。就像比尔·盖茨说过的那样："如果微软失败了，我随时准备回哈佛。"如果 Facebook 失败了，马克也随时准备回学校，但肖恩不知道他是不是真的会回去。马克会延长自己的假期，达斯廷很有可能也会继续待在加利福尼亚。

爱德华多有何打算呢？根据肖恩对他的了解，爱德华多绝对不会退学。爱德华多已经表明了他不会为了 Facebook 放弃任何东西，他根本就不可能那样做。爱德华多有其他的兴趣，比如说，回到哈佛以后，他还有凤凰社，肖恩是这么预测的。在纽约，爱德华多还有那份实习生的工作，即便他在第一周就辞掉不干了。

爱德华多会回到学校，但马克·扎克伯格已经在世界上找到了自己的一席之地。

肖恩看着电梯上的数字正慢慢变小，他内心的兴奋感终于开始减退。他迫使自己的脉搏跳动回到正常的水平，就像电脑硬盘中的那些稳定的字节一样。

他知道前方还会有困难，还有很多工作要做。

首要的事情是，马克必须要让爱德华多认可法律细节，从律师的角度出发，这样只是为了让事情更清楚。而从现实的角度出发，这听起来相当残酷，爱德华多应该给予理解。这不是个人问题，而是生意问题，爱德华多本来就是把自己当成一个商人。

肖恩和蒂尔是成功的企业家，他们也给马克解释过企业应该如何运作。像 Facebook 这样的初创公司有两个截然不同的起点。第一个起点是一群孩子在宿舍里围着电脑搞黑客行动，第二个起点是在旧金山市中心的一栋摩天大楼里谈成了生意。

如果你在宿舍里，你会有一个激动人心的故事要和大家分享，那就是你参与了一件很酷的事情，这件事凝结了天才的灵感、突然迸发的激情和闪电般的想象力。

如果你在摩天大楼里，事情就完全不同了。那是公司真正的开始，那才是真正的生意，是真正的公司，是一道会径直把你带到云霄的闪电。

爱德华多应该理解这件事情。这已经不再是两个孩子在宿舍里的小打小闹了。

如果爱德华多不能接受该怎么办呢？如果他理解不了该怎么办呢？如果他不想理解又该怎么办呢？

如果爱德华多不能理解很多方面，那么肖恩觉得他就不是真的关心 Facebook。那么，他也比文克莱沃斯兄弟好不到哪里去，他在马克前进的路上拖了他的后腿。

不管怎样，马克必须知道他为公司做出了正确的决策。肖恩和蒂尔已经说得很清楚了，要是爱德华多继续在纽约闲逛，和别人说自己是公司商业方面的负责人，炫耀自己在公司有 30% 的股份，还像剑士一样威胁马克他们，声称要给他们点颜色看看的话，是不会有投资者愿意跟他们合作的。

冻结他们的银行账户。

威胁他们。

威胁 Facebook。

这些事促成了 Facebook 公司的成立，也推动了这次变革。肖恩知道这正是马克现在所关心的事情。马克知道自己在干一件大事，这个由马克·扎克伯格制作的网站将改变整个世界，像 Napster 一样，但比它的影响力更大。Facebook 的宗旨就是信息自由化，这是一个真正的数字化社交网络，它把真实的世界在网络上呈现出来。

爱德华多必须要理解这一切。如果他不能理解该怎么办呢?

如果真是这样的话，在公司的大好前景下，有没有爱德华多都无所谓。

肖恩站在电梯里，想起了彼得·蒂尔说的在达成能把 Facebook 带进下一个发展阶段的交易之后的一件事。那就是当 Facebook 拥有 300 万名会员时，马克可以把蒂尔的法拉利开出去兜兜风。马克填完文件后，就能动用那笔 50 万美元的“种子资金”了。马克可以按照他自己的意愿发展 Facebook，把 Facebook 发展成他梦想的样子。

蒂尔靠在办公桌上，身体前倾，双眼盯着马克。

“千万别搞砸了。”蒂尔说道。

肖恩看着电梯门上方闪烁着的数字，笑了。

蒂尔没什么好担心的。肖恩相信他的新朋友，马克·扎克伯格是不会让任何人把 Facebook 搞砸的。马克将引领这次变革，无论付出多大的代价。

第 26 章 Facebook 重组

爱德华多眯着眼睛使劲看，弄得自己都有点儿眩晕了，他感觉自己像是回到了马克在柯克兰宿舍楼的那个乱糟糟的宿舍，正看着他的朋友在笔记本电脑前拼命地工作。他们在加利福尼亚的洛斯阿尔托斯新租了一个房子作为“Facebook 研究中心”，房子十分宽敞，家具摆放在房子中间，像是从哈佛搬运过来的——磨旧了的木椅子、床垫、旧桌子和旧沙发，看起来就像是从宜家家居和二手家具店里买来的宿舍家居。屋后的门廊上面到处都是彩弹和纸箱，看起来一点儿都不像是一个正在全力运转的初创公司，简直就是一群非法占据者。当然，桌子上、地板上、燕麦盒和薯片袋旁边的柜台上到处都摆放着电脑，即使屋子里有这些硬件设施，但还是给人一种大学宿舍的感觉，这正是马克和其他人都喜欢的感觉。他们正在没日没夜地工作，马克和达斯廷也正在电脑屏幕前埋头苦干，有两个穿着西装的年轻男子在厨房门前走来走去，爱德华多知道，他们是公司签约的律师事务所的律师，是来处理新公司合同的。马克他们不想让公司失去大学的感觉，因为从本质上讲，这就是一个大学实验的延伸。

虽然房子的布局显得有些凌乱，但是这套房子有 5 间卧室，比以前位于帕洛阿尔托郊区的那套房子更适合马克和他的伙伴居住，而且搬家的决定并非完全是马克的主意。在房东的几番抱怨和造访之后，马克他们几乎是被赶出了 La Jennifer 街上的那套转租房，因为他们曾爬到屋顶上去，把音乐声调得很大，把露台家具扔到池子里，而且他们把烟囱弄坏了。爱德华多认为马克他们在短时间内是不可能拿回房子押金的。

这也没关系，因为现在 Facebook 已经筹到了资金。来自彼得·蒂尔的天使投资在为这套新房子、所有电脑以及比爱德华多预想的多得多的服务器提供资金，他们还用这笔钱雇用了律师。就在那天早晨，爱德华多经过了长途的飞行，搭乘出租车从剑桥来到这所新租的房子，他一进去，律师就笑容满面地跟他打招呼和握手。

旅途中，爱德华多大部分时间都在睡觉。新学年已经开始 8 周了，这是爱德华多的大四学年，他现在已经感到疲惫了。虽然爱德华多少选了一些课程以便继续进行 Facebook 的工作，但他在哈佛还有很多事要做。他需要完成毕业论文，作为投资协会的一员，他要到投资协会去，还要去凤凰社，这些事情让他的周末总是排得满满当当的，他在和凯莉分手之后又恢复了单身。现在另一个胖奇季开始了，这正是爱德华多获取“校园社交天王”称号的大好时机。

当然，重中之重的事情还是 Facebook。

爱德华多向后靠在椅子上，椅子放在一张圆桌旁，这张圆桌占据了主办公室中间的大部分区域。爱德华多看着马克在笔记本电脑前忙碌地工作，电脑屏幕的光照在马克苍白的双颊上，微小的代码映入他浅蓝色的眼球。当爱德华多最初走进屋子里的时候，马克都没跟他打招呼，只是点了一下头并说了一两个词。这很正常，爱德华多也没多想。爱德华多回到学校以来的 8 周中，他和马克之间的进展都相当不错。

暑假那几周里发生的不愉快似乎已经被淡忘了。马克被银行账户的事给激怒了，他着手与投资商会面，并得到了蒂尔的投资，这是爱德华多没想到的。爱德华多和马克曾就此事在电话里谈过很多次，就像两个朋友之间会发生争论一样，他们争论的事情超乎他们两个人的想象，但他们之间的争论已经得到缓和，他们最终一致认为公司的平稳发展是最重要的。爱德华多在银行账户这件事情上做得有点儿过分，马克把爱德华多排除在外，这样做有点儿自私，也忽略了爱德华多的感受，但爱德华多通情达理，愿意为了公司的利益继续和马克合作。毕竟生意归生意，他们是朋友，所以他们能找到解决问题的方法。

为此，马克曾要求爱德华多稍微退让一些，一方面可以缓解他自身的忧虑，另一方面爱德华多也可以把精力放在毕业事宜上。马克告诉爱德华多，公司发展得太快了，一个人负责商业方面的事务有些困难，也无法满足需求。公司现在正发展壮大，目前的用户人数已接近 750 000 人，直逼百万大关！马克和达斯廷打算休学一段时间，也许一个学期，也许没那么长，他们还打算聘请一个销售主管来接手爱德华多在纽约的工作。马克他们在迅速地为网站添加新功能，有些功能真的让人不可思议。他们还创设了一种“围墙”功能，人们可以在网站上创设或加入群组，以一种非常公开的方式相互交流，这种功能还从未在其他社交网站上出现过。爱德华多和马克在刚开始建立这个网站时就谈过这个主意。他们创设的速度真是惊人，都快赶上会员数据库的增长速度了。

最终，在爱德华多从 7 月的愤怒中稍稍舒缓过来之后，他得出的结论是马克将以他自己的方式做事。现在夏天已经结束，爱德华多也回到了学校，不管怎样，他比以前更有钱了。重要的是，公司发展得欣欣向荣，有了蒂尔的投资，爱德华多不用再拿他自己的钱来冒险了。再说了，蒂尔是棵摇钱树，所以不管出现什么样的情况，公司都不会无力面对。

从爱德华多的角度来看，他实际上是很高兴能回到学校的。爱德华多在大四学年的第一周就听到了好消息。他从凤凰社的朋友那里听说，萨默斯校长宣布新入学的大一新生将在 Facebook 上签到。这真是个极好的想法，哈佛校长将通过爱德华多他们的网站来了解新班级。10 个月前，马克和爱德华多都还是默默无闻的极客，而现在，哈佛校长用他们的作品来为学生签到。

鉴于此，爱德华多和马克之间的争吵真的没关系吗？马克给爱德华多打电话让他到加利福尼亚来签署一些文件，文件基本上是与新公司相关的内容。既然蒂尔已加入董事会，那么公司就需要进行重组了。爱德华多耸了耸肩，表示无比赞同。

因此，当其中一个律师从办公室中央信步走向他并递给他一堆法律文件时，爱德华多深吸了一口气，他看了马克一眼，然后就开始仔细阅读那些法律文件了。

初看，那些文件十分复杂。总共有 4 份文件，加在一起有很多页。首先是两份普通股份购买协议，大意是允许爱德华多“购买”新近成立的 Facebook 的股份，以代替他原来在 TheFacebook 中持有的无价值的“股份”。其次是一份换购协议，爱德华多用他在 TheFacebook 中持有的股份来换取新公司的股份。最后是一份股东投票协议，爱德华多对此也不是很了解。文件中有许多法律术语，但这对新公司的运营而言是不可或缺的。

当爱德华多翻阅那些文件时，律师们也在尽职尽责地给他解释文件内容。在重购和换购之后，爱德华多将总共拥有 1 328 334 股新公司的股份。马克也几次抬起头来帮忙解释公司的新架构，根据律师的说法，爱德华多将拥有 Facebook 大约 34.4% 的股份，他的股份比率从之前的 30% 上升了 4.4%，但是如果公司将来需要聘用更多的人并吸纳其他可能会出现的投资者时，爱德华多的股份会根据需要而减少。目前马克把自己的股份减少至 51%，达斯廷现在拥有 6.81% 的公司股份，肖恩·帕克得到了 6.47% 的股份，爱德华多觉得肖恩得到的已经够多了。

文件里还有一份归属比率表，爱德华多不可以在近期出售自己的股份，因此，他的股份实际上只是理论意义上的，马克、达斯廷和肖恩的也一样。此外，还包括一份放弃向马克及公司索赔的声明，基本意思是如果爱德华多签署了这些文件，等于就是同意了这些新文件所列明的他在新公司的位置，在此之前发生的一切都将变为历史。

爱德华多坐在那个宿舍一样的房子里，听着马克和达斯廷的手指敲击键盘的声音，一遍又一遍地翻阅着那些文件。爱德华多知道这些文件很重要，这是法律文件，签署文件对公司来说意味着前进一大步，但他也觉得自己受到了保护，因为有律师在场。他们是 Facebook 的律师，这也意味着他们也是自己的律师。更重要的是他的朋友马克也在场，马克也跟他说这些文件十分重要，而且对公司有益。肖恩在屋子里的某个地方，现在，从法律意义上来说，他也是这个团队的一员。毕竟他引来了投资者的资金，还是硅谷最聪明的人之一。

重要的是，爱德华多仍将拥有公司的股份。虽然股份将来可能会减少，但他们每个人的股份都会减少。公司不再叫 TheFacebook

了，可这没有关系，他的职位和以前是一样的。

爱德华多想起了最近几次跟马克的交流，他们谈到了学校、人生，谈到了他应该在哈佛干什么，马克又应该在加利福尼亚干什么。爱德华多觉得他们之间曾经有过误会。在某些时候，马克似乎是在告诉爱德华多，既然他还在上学就不必为公司那么卖力地工作，还告诉他公司将聘请销售员，这样爱德华多就可以少操点心了。爱德华多则坚持认为自己还有时间为 Facebook 做些必要的事情。

在爱德华多看来，这些文件似乎表明了他和以前一样，仍是公司重要的一员。随着更多资金的进入以及聘用更多人员，情况也许会发生一些变化，但那些文件正是重组公司必不可少的。

难道不是吗？

马克还告诉爱德华多，当网站拥有 100 万名会员时，会举行一个派对，一个很酷的派对。派对将会在彼得 · 蒂尔旧金山的饭店里举行，爱德华多必须飞回来，因为这个派对值得他那样做。

想到那个派对，爱德华多忍不住笑了。法律文件只不过是重组公司的一个必要步骤，必须要签署。一切都将顺利进展。100 万名会员，那真是个疯狂的想法。

爱德华多肯定会飞回加利福尼亚参加那个派对。他一边在心里想着，一边从律师那里拿来一支笔签下了那些法律文件。毕竟，他现在拥有 Facebook 将近 34% 的股份，有理由庆祝一下。

难道不是吗？

第 27 章　百万会员派对

爱德华多跌跌撞撞地穿行在时髦的人群中，他感觉眼睛有灼热感，耳朵里响个不停。音乐律动感很强，是电子音乐、另类音乐和摇滚乐的混合音效。高高的拱形天花板上还闪烁着明亮多彩的灯光。紫色、黄色和橘色的圆形图案在屋子里晃来晃去，像是星系一般。整个餐厅笼罩在迷幻的灯光之中。

这个地方的名字叫 Frisson，目前是旧金山中心区域里最火的餐厅。这里的装修格调不太时髦，有些复古，给人一种介于《星际迷航》中企业号星舰和 20 世纪 60 年代的迷幻旅行之间的感觉。爱德华多穿过拥挤的人群，他的脑袋感到一阵眩晕，一部分原因是他已经喝了很多酒，但主要还是因为爱德华多受到了文化碰撞的冲击，他再次从保守冷漠的哈佛校园中逃了出来。

DJ（唱片骑师）位于圆形用餐区的入口处，爱德华多在离 DJ

不远的地方停了下来。他扫视了一下人群，也看了看这个豪华的餐厅。他不得不承认，这个餐厅是举办 Facebook 百万会员派对的绝佳地点。几天前，马克邀请爱德华多来参加派对，庆祝网站的会员人数达到 100 万名，此时距网站在柯克兰宿舍楼上线还不到 10 个月。Frisson 具有现代感，时髦且奢华，就像 Facebook 一样。这个餐厅的业主恰好就是彼得 · 蒂尔，正是富有的彼得 · 蒂尔为这次派对买单。

爱德华多看着加利福尼亚北部这些年轻人随着音乐起舞。大家几乎都穿着牛仔裤，有领衬衫和时髦的黑色欧式服装。总的来说，派对具有浓厚的硅谷气息和嬉皮的旧金山风格，同时也拥有浓厚的 Facebook 氛围。房间里大多数人的年龄与大学生的年龄相近，很多人都是斯坦福大学的在校生和刚毕业的学生。大家喝着各种颜色的鸡尾酒，似乎都乐在其中。爱德华多情不自禁地打量着 DJ 旁边的那群美女，其中有一个女孩像是在对他微笑，他的脸一下子变得通红，他赶紧移开了目光。是啊，爱德华多仍然很害羞，尽管他的生活已经发生了巨大的变化。

爱德华多在派对上觉得十分惬意。从他走进大门的那一刻开始，他对每个感兴趣的人都说起他和马克以及达斯廷一起共同创立 Facebook 的事情。有些女孩对他微笑，有的像看疯子一样看着他。那让他觉得有点儿奇怪。在哈佛，几乎每个人都认识爱德华多，知道他做了些什么；但在这里，人们的目光都只聚焦在马克身上。

不过这真的没关系，在加利福尼亚，爱德华多不介意自己是幕后工作者。爱德华多并不是为了出名才干这件事情的，他真的不在乎人们知不知道他曾待在马克的宿舍里，拥有公司超过 30% 的股份，是除马克外，百万会员的第一责任人。他只关心这些人是否喜欢他们的网站，只关心他们的网站是否会成为互联网历史上最大的公司之一。

爱德华多对这个想法置之一笑，随后，他的视线扫过舞池，停留在餐厅另一边休息室的桌子上。房间的尽头有一张圆桌，爱德华多隐约看见马克、肖恩和蒂尔坐在一起讨论着什么。爱德华多偶然得知今天恰好是肖恩的生日，那个孩子现在多大呢？ 25 岁吗？爱德华多打算朝他们走过去，但同时他觉得自己独自一人混在人群中可能会更舒服一些。文化碰撞再一次出现了，这个地方让他感觉离哈佛很远，爱德华多误以为自己登上了企业号星舰。

爱德华多眨了下眼睛，任由灯光在他身上晃来晃去。

这个地方和这间餐厅有太多东西需要爱德华多去了解。它让人感觉十分陌生，节奏也很快。爱德华多从停在餐厅门口的出租车上下来的那一刻才知道这个地方。彼得 · 蒂尔的法拉利停在外面的路边上。马克的英菲尼迪也停在街上，也许和肖恩的宝马停在一起。因为马克在二手车网站买的车让他在一个商业会议上迟到了，所以他就得到了这辆车。

爱德华多仍然住在宿舍里。他走路去上课，漫步在白雪皑皑的校园，身影渐渐消失在怀德纳图书馆清冷的影子之下。

是的，爱德华多搞错了，自从夏天开始，事情发生了翻天覆地的变化。这也无所谓，那是爱德华多自己做出的决定，不能怪别人，只能怪他自己。爱德华多本可以搬到加利福尼亚，他也能抽出课余时间。不管怎样，他现在是大四学生，还有 5 个月就毕业了。毕业后爱德华多就可以像其他人一样全身心地投入 Facebook 的工作中去，就可以回到他和马克开创的事业中了。

今夜此时，爱德华多打算好好享受一番。他想喝杯酒，走到 DJ 那边去和漂亮女孩搭讪。明天他就要飞回哈佛继续他的学业了，因为马克把 Facebook 管理得很好。

爱德华多敢肯定，一切都会进展顺利。

肖恩·帕克坐在舞池边的圆形桌子旁，背靠一张装饰得很有现代感的椅子，听着蒂尔和马克继续谈论着他们打算为 Facebook 设计的新应用程序。这个程序可以让大学生更容易在网上找到其他人，并对学生共享信息的“围墙”功能加以改进。在未来半年里，也许还会出现一个照片共享应用程序，这个程序能碾压所有竞争对手。网站需要创新、创新、不断创新。

肖恩·帕克自顾自地笑了。一切都在按计划进行着，蒂尔和马克是最佳搭档，这跟他猜想的一样。

肖恩深吸了一口气，目光从他的两个搭档身上移到人群中。他立马看到了爱德华多在跟 DJ 旁边的一个漂亮的亚裔女孩聊天。爱德华多看起来和往常一样清瘦扭捏，他向前弓着身子，几乎碰到了那个女孩。那个女孩似乎在微笑，看起来很不错。爱德华多很开心，那个女孩也很开心，这里的每个人看起来都很开心。

一切都进展得十分顺利。爱德华多签署了必要的法律文件，并执行了重组协议。蒂尔也给了马克一笔钱，让他们继续推动 Facebook 快速向前发展。Facebook 突破了百万会员大关，而且会员人数每周都会增加几万。很快，Facebook 将对更多所大学开放。最终，也许会对中学开放。谁知道呢？也许 Facebook 在某天还会对所有人开放。大学的专属模式已经创造出了奇迹。人们相信 Facebook，也喜爱 Facebook。

人们愿意为 Facebook 支付上亿美元。

第 28 章　待解开的谜团

“就在那儿，春天已经来到了英格兰。”

当爱德华多的朋友指着那个腿部线条优美的女孩时，他咧嘴笑了笑。那个女孩正在图书馆的石台阶上悠闲地漫步，她的脸埋在一本经济学课本里，飘逸的金发顺着她那乳白色的 iPod（苹果多功能数字多媒体播放器）散落下来。

爱德华多觉得自己从没适应过哈佛那么漫长的冬天，就在一周以前，校园里还到处都是白雪，连这些台阶也被一层层薄冰覆盖着，风刺骨寒冷，以至呼吸都变得困难。就像是 3 月根本都没来过哈佛的校园。

最终积雪融化了，空气中充满了活力，天空明亮湛蓝，晴朗无云。女孩开始重新整理她们的衣橱，把那些厚重的、难看的毛衣收了起来，拿出漂亮的裙子、上衣和露脚趾的鞋子。

当然，天气也可能会有轻微的变化。明天乌云堆积，校园可能又会变回之前那种荒凉的景象。爱德华多明天要再去一趟加利福尼亚，因为公司要求他回去。

爱德华多的朋友向他挥了挥手，然后就一路走下石台阶，去参加在校园另一端举行的研讨会了。爱德华多打算几分钟以后再去，他一点儿都不着急，因为他是大四学生，再有不到两个月就毕业了。他们可以上课迟到，也可以不去上课，这不会有任何影响。只要他们能通过剩下的几门考试，就能带着那些在现实世界里很重要的、金闪闪的毕业证书顺利地从哈佛毕业了。

真实世界？爱德华多甚至不知道这个词意味着什么。这个词当然不是指加利福尼亚，马克还待在那里，待在树木茂密的城郊小镇中的一间转租房里，以每天增加一万名会员的速度发展着 Facebook。那还不是马克跟爱德华多说起过的位于帕洛阿尔托的那个新办公室。在新一轮的招聘活动开始之前，马克他们正在对这个办公室进行最后的布置。他们曾在秋天签署公司重组文件时谈过增长问题。

真实世界也许和 Facebook 没有任何关系，因为真实世界远不及 Facebook 发展得那么快。

100 万名会员突然变成了 200 万，很快就会变成 300 万。这个曾以哈佛为基地的小网站现在快要遍地开花了。爱德华多在报摊上的每份杂志里都能看到有关 Facebook 的报道，课前课后无意中看到的新闻里也总出现对 Facebook 的报道。爱德华多认识的人都在用 Facebook，他的爸爸甚至都会使用个人账户登录 Facebook，而且对看到的内容欣喜不已。Facebook 不是真实世界，可它比真实世界还要大。它是一个全新的宇宙，爱德华多不由自主地为他和马克做的事情感到自豪。

在过去的两个月里，爱德华多除了和在加利福尼亚的那些孩子打几通奇怪的电话以外几乎没有什么实质性的联系，通话内容一般就是问一个纽约联系人的电话或者他发现的一个潜在投资者的名字，其实，爱德华多在过去几个月中离马克太远，甚至他都有时间单独创建网站了。网站叫作 Joboozle，有点儿像求职领域的 Facebook。学生们可以在上面找工作，搜索潜在雇主，共享简历。爱德华多根本没想过要把 Joboozle 发展成 Facebook 一样，但马克确实已经好久没跟他联系了。

终于，马克和他联系了。几天前，马克给爱德华多发了一封电子邮件，让他去一趟加利福尼亚，说是公司要召开一个重要的商业会议。此外，他还需要爱德华多帮助培训新职员。

在邮件里，马克还提到了一些让爱德华多有点儿担心的事情。最近，知名的风险投资公司——红杉资本盯上了 Facebook，它是硅谷最大的风险投资公司，由肖恩·帕克的老对手迈克尔·莫里茨和阿克塞尔合伙公司共同经营。阿克塞尔合伙公司是帕洛阿尔托地区名声显赫的风险投资公司，近十年来一直活跃在这一地区。马克在邮件中暗示，他们有机会让这几家风险投资公司对公司进行投资。马克还提到了华盛顿邮报公司的 CEO 唐·格雷厄姆，他也对 Facebook 感兴趣。

此外，马克还说，如果交易成功，他和肖恩·帕克还有达斯廷正在考虑卖出他们个人的少数股份，他在电子邮箱中给出的数字是 200 万美元。

爱德华多对此相当吃惊。首先，从他已签署的文件来看，爱德华多敢肯定自己不能出售股份，因为他获得股份还没多久。那为什么马克、肖恩和达斯廷能出售价值 200 万美元的股份呢？难道他们在重组期间没像爱德华多一样签署那份文件吗？

其次，马克为什么要说起出售股份这件事情？马克从什么时候开始关心起钱了？还有，肖恩·帕克正式加入公司不到 10 周，他为什么能得到 200 万美元？爱德华多可是从公司成立之日起就在的。

这看起来当然不公平。

也许是爱德华多误会了这个情况。也许当爱德华多在加利福尼亚与马克碰面时，马克会把事情解释清楚。不管怎样，爱德华多都决定这次不能再感情用事了。因为在夏天时他的愤怒没能帮他挽回局势。他打算冷静一些，理智一些，善解人意一些。春天来了，女孩们也穿上了裙子，学期差不多也要结束了。

明天，爱德华多将开始 6 个小时的旅行，去检查一下在建的新办公室，出席那场商业会议并培训新职员。爱德华多希望这能使他和马克之间的关系变得正常化，这样他在毕业后就能直接恢复他原有的身份——马克的创业伙伴。这个想法让爱德华多非常开心，因为从某个角度来说，这意味着他的大学生活得到了延伸。Facebook 成了一家大公司，爱德华多敢肯定 Facebook 能给他“大学”的感觉。在 Facebook，爱德华多可以继续把真实世界抛到脑后，就像马克那样，或许能永远将真实世界抛在脑后。

爱德华多由图书馆的台阶向校园走去时，这个想法给了他温暖。明天，他又能和马克在一起，马克将对所有的事情做出解释。

第 29 章　被免职的创始人

爱德华多余生将永远铭记这个时刻。他站在空荡荡的办公室里，身子开始发抖。他一进门，律师马上把文件递给了他，此时他正盯着那些文件看。这次换了一个律师，门也不一样了。他们不是在那个像宿舍一样植物茂密的城郊转租房里，而是在一间真正的办公室里。办公室位于帕洛阿尔托市中心的大学路上，屋内有玻璃墙、枫树装饰的办公桌、新的电脑显示器和地毯，还有一段楼梯，上面画着一个当地艺术家的涂鸦作品。这是一间真正的办公室，屋内有另外一名律师，站在爱德华多和马克之间，马克此时和往常一样，坐在办公室里的某台电脑前，安然地沉浸在闪烁着的电脑屏幕前。

一开始，爱德华多还以为这个家伙在开玩笑，马克一见面就要他签署文件，他都还没来得及打量一下这个地方，也还没问马克新职员的情况，200 万美元的股份出售事宜和那封电子邮件等。但当爱德华多开始阅读那些法律文件时，他意识到这次的加利福尼亚之旅跟商业会议毫无关系。

这是一次伏击。

过了几分钟，爱德华多才明白自己读的是什么。他一边阅读，一边感觉自己的双颊在变白，浑身发冷。他突然意识到马克要做什么，感觉像是子弹击中了他的胸膛，把他从内到外撕得粉碎，将他伤得无法复原。毫不夸张地说，现在没有什么形容词、谚语能形容爱德华多此刻的感受。事实上，爱德华多应该能预见到这件事，他也应该能察觉出来，可他就是没看出来。他真是太盲目、太愚蠢了。

爱德华多没有预料到马克会这样做，他们是朋友，是在帮助会员适应哈佛生活的犹太联谊会上认识的。他们之间发生过矛盾，这使马克对他有些冷漠疏远，但爱德华多没想到他会这样做。

在爱德华多看来，这就是背叛。马克背叛了他，毁了他，夺走了他的一切。一切都显示在爱德华多手里拿着的文件上，白纸黑字再清楚不过了。

第一份文件的日期为 2005 年 1 月 14 日，这是一份 Facebook 股东的书面同意函，股东同意将公司的股份增加至被批准的 1 900 万份普通股。第二份文件的日期为同年 3 月 28 日，允许增发股票至 20 890 000 份。随后的一份文件显示，允许增发 330 万增加股票给马克·扎克伯格，200 万份给达斯廷·莫斯科维茨，200 万份给肖恩·帕克。

爱德华多盯着这些数字，在大脑中快速计算着。随着这些新股的发行，他在 Facebook 持有的股份将不再是 34% 左右。只看发放给马克、肖恩和达斯廷的新股，爱德华多的股份份额就会下降至 10% 以下。如果所有被批准的新股都发放出来的话，他的股份几乎会变为零。

马克正在把爱德华多赶出公司。

当爱德华多看着这些文件的时候，律师开始说话了。爱德华多在想马克想要他做什么。马克或许认为爱德华多根本不会有什么反应，也可能以为爱德华多在很久以前就离开公司了。爱德华多在秋天签署的那些文件让这一切成为可能。或许甚至比那时还要早，在夏天的时候，在爱德华多冻结银行账户的时候，马克也许就已经这么认为了。这是两个不同的时段，也是两个截然相反的观点。

律师唠叨个不停，解释说新股是必要的，现在有很多风险投资公司对他们感兴趣，爱德华多签字只是一个形式。股票已经得到了批准，这对公司是有益的，也是必要的，他们早就做出了这个决定。

“不行。”

爱德华多听到自己的声音在脑袋里回响，他撞了一下玻璃墙，走上画有涂鸦的楼梯，穿过很空荡的办公室。

“不行！”

爱德华多拒绝出让他在 Facebook 的股份，他拒绝出让自己的劳动成果。他拒绝签字，因为他从公司创立之初就在了，也曾在那间创业宿舍待过。爱德华多是 Facebook 的创始人之一，他理所应当拥有他原有的 34% 的股份，他和马克之间是有协议的。

律师很快就回复了他。

爱德华多将不再是 Facebook 的一员，不再是管理层的一分子，也不再是一名职员，他与 Facebook 没有任何关系，他会从公司的历史上消失。

对马克·扎克伯格和 Facebook 而言，爱德华多·萨瓦林将不复存在。

爱德华多觉得他被困在了围墙之中。

他必须离开那里。

回到哈佛，回到校园，回到家里。

爱德华多无法相信自己听到的话，也无法相信马克背叛了他，但他别无选择，决定已经做出，他只能接受这样的安排。这个决定是由 Facebook 的创始人、CEO 以及新总裁做出的。

当爱德华多听到这些坏消息时，他有一个疑惑。

究竟谁是 Facebook 的新总裁？

当他在想这个问题的时候，他意识到自己的内心已经有了答案。

第 30 章　因果报应

肖恩·帕克脚掌先着地，精力充沛地从宝马车中走出来。他的大脑以每分钟10 000转的速度运转着，甚至比平时运转得更快，因为从目前来看，他的前程大好。

肖恩“砰”的一声关上身后的车门，然后走到车子的一边，向后倚靠在车子上，手臂交叉放在胸前。他抬头望着这栋玻璃大厦，这里是红杉资本总部办公室的所在之处。天知道他有多么讨厌这个地方。更具讽刺意味的是，肖恩记得自己以前来这儿的时候的不同感觉，他记得当时是怎么来到这里的，寻找资金、合伙人，希望得到关注，希望得到一切；也记得自己是怎样得到关注以及怎样被赶出了自己一手创建的公司的。

现在情况已大不相同。这次是红杉资本在求他们。他们一个电话接着一个电话地打，一次次造访Facebook的办公室，希望能开一个会，希望能和马克通电话，希望马克能在一个房间里听他们推介。现在每个大公司都在给他们打电话，而且还不光是风险投资公司，传言微软和雅虎也在观望。Friendster 已经非正式出价了——1 000 万美元。金额太小，马克和肖恩轻易地推掉了。聚友网也对 Facebook 感兴趣。现在大家都想加入。红杉资本是风险投资行业的大块头，它当然也不想错失这次良机。

所以，肖恩先让他们坐了会儿冷板凳，他想象着莫里茨在他那隐蔽的办公室里闷闷不乐，用他那奇怪的、可恶的威尔士口音对着他的职员大喊大叫的场景。肖恩觉得莫里茨应该知道 Facebook 对他的会见要求不理不睬是肖恩在背后搞鬼，但在肖恩看来，这个自大狂可能认为肖恩迟早会让步。就在莫里茨他们气得口吐白沫时，肖恩找准时机，开始安排那天早上的会议。

肖恩来到这儿，像个疯猴子一样咧嘴笑着。他全身都穿着黑色的衣服，和他车子的颜色一样。他那条唐娜·凯伦牌的紧身裤和鳄鱼皮带都是黑色的。他就像蝙蝠侠一样，来到旧金山市中心的街上来主持正义。

肖恩听到司机那侧的车门“砰”的一声关上了，他转身看到马克走了过来。

“我的天啊。”肖恩嘀咕着，竭力抑制自己脸上的笑容。

马克穿着颜色鲜艳的睡衣，腋下夹着笔记本电脑。他的头发乱糟糟的，但脸上的表情是严肃的。

“你确定要这么做吗？”马克问。

肖恩笑得更厉害了。没错，他比之前做任何事时都要确定。

“简直完美。”

然后，肖恩看了下表。时间刚刚好。

这次会面是与硅谷最大的风险投资公司进行的，马克不仅迟到了 10 分钟，而且还像城里的疯子一样走了进去。肖恩不参加这次会议，在他看来，马克这样做已经足够了，马克能处理好这件事情。马克首先向他们道了歉，说自己睡过了头，都没来得及穿好衣服，然后就直接开始了他的推介。当他快要讲完时，就打开了事先特意为红杉资本制作的演示文稿，演示文稿列举了红杉资本不应该投资 Facebook 的十大理由，这些内容会直戳他们的痛处，然后马克会径直走出那里。

红杉资本永远都不会有机会投资 Facebook，肖恩确信这一点。马克了解莫里茨和红杉资本那帮家伙对肖恩所做的一切，他们把肖恩赶出 Plaxo，扼住了他的喉咙。蒂尔也完全赞同这个观点，因为红杉资本在与贝宝合作的时候也曾对他们使坏。红杉资本终将在这个小城里得到教训：善有善报，恶有恶报。

马克和肖恩对此不以为然，因为现在每个人都想在 Facebook 上分一杯羹。毫无疑问，他们拒绝了 Friendster，但他们知道他们将会有一笔交易产生。阿克塞尔合伙公司是附近最有威望的风险投资公司之一，他们已经追了马克他们好几周了。吉姆·布雷耶是阿克塞尔合伙公司的主要合伙人，也是商界最杰出的风险投资者。每当他打来电话时，肖恩就抓过听筒对他喊出一些疯狂的数字。“定价 1 亿美元，要么就拉倒！”“2 亿美元，要么就免谈！”布雷耶终于了解了情况。

与此同时，马克也跟华盛顿邮报公司的主管唐·格雷厄姆谈了很多，他差不多成了马克的朋友和顾问。那是一个有趣的搭配，也是一个有趣的主意，一个媒体大咖搭配电脑天才，这个电脑天才在共享信息的基础上引领了社交变革。马克在考虑跟格雷厄姆及华盛顿邮报公司做一笔交易，这也搞得阿克塞尔合伙公司认真了起来。

很快，阿克塞尔合伙公司将出资近 1 300 万美元购入 Facebook 公司的一小部分股权，这笔投资将使 Facebook 估价接近 1 亿美元。Facebook 仅在 14 个月的时间里就价值 1 亿美元了，但这仅仅是个开始。在未来 6 个月的时间里，肖恩敢肯定他们会让估价增至三倍。到 2005 年底又会怎样？谁知道他们能达到什么程度呢？如果人们继续以现有速度注册的话，他们在一年内就能拥有 5 000 万名会员了。

肖恩有很强的预感：这个价值 10 亿美元的“婴儿”即将诞生。

马克从他身旁走过，慢悠悠地朝红杉大厦走去，肖恩咧嘴笑了。他有点想和马克一起去参加那个会议，但只是在脑海里想象那里会发生的事情就已经让他觉得很满足了。肖恩向马克挥了挥手，以示鼓励。

“太棒了。”

肖恩又看了一眼马克身上的睡衣，大笑了起来。

这简直太酷了。

第 31 章　毕业季

“万名哈佛学子……”

爱德华多扭动着他那瘦长的身子，身上穿着多褶的黑色涤纶学士服。他坐在折叠的小木椅上，试着找到一个舒服的姿势，把自己瘦长的骨架挤进那个狭小的空间里。他四周都是那样的小椅子，把他卡在了中间。长袍让人热得受不了，他头上愚蠢的方帽至少小了两个尺寸，卡得他前额直冒汗，把他的头发从根部猛拽了起来。

即便如此，爱德华多也觉得自己在微笑。即使发生了那么多事情，他还是在微笑。他朝自己的右手边看了一下，看到一长排穿着黑色学士服、戴着愚蠢的帽子的同学。然后他又回头看了一下，看到了一排排着装相似的大四学生，他们几乎占据了半个校园，身穿色彩明亮的夏季运动服的学生与感到骄傲的家长站在其他地方，家长手里还拿着相机和数码摄像机。

“万名哈佛学子……”

爱德华多回过头来望着舞台，萨默斯校长已经站在讲台后面了，他的两旁站满了系主任，他的右手边有一大箱毕业证书。讲台上的麦克风随时都可能响起，一个个名字将回荡在整个校园，被爬满常春藤的古老砖楼反射回来，回响在怀德纳图书馆的石阶上方，绕过图书馆巨大的希腊石柱，直到云霄。

这个早上显得很漫长，但爱德华多还是精神饱满，而且他敢肯定他的大四同学也精力旺盛，都激动不已地坐在小木椅上。

他们今天起得很早，一排身穿黑色学士服的大四学生从河边宿舍出发，他们走过哈佛广场，来到哈佛园。虽然外面天气炎热，但爱德华多还是在学士服里面穿了上衣并打了领带。典礼结束后，他将和家人一起度过大部分的下午时光。观众席在大四学生的后面，爱德华多也不清楚他的家人在人群中的哪个位置，但他知道他们在场。

其实，整个哈佛园都站满了人，除了爱德华多在中学时期参加的奇怪的摇滚音乐会外，这里是他见过的人最多的地方。爱德华多他们要在校园待一整天。演员约翰·利特高是一名哈佛毕业生，他在今天下午晚些时候会发表演讲。在那之前，大四毕业生将在怀德纳图书馆前面的台阶上集合并拍摄班级留影。他们将和家人一起去野餐，相互道别，并对学校说声再见。有些学生可能会把他们的方帽扔向空中，因为他们在电视上见过很多次这个动作，而且那些方帽看起来也相当愚蠢。

爱德华多的注意力又回到舞台上。他被各种颜色的衣服迷住了，那与他周围的一片黑色形成了鲜明的对比。大学领导、教授和荣誉校友现在都在场，他们穿着明亮迷人的长袍站在校长后面。爱德华多又注意到了那箱毕业证书，他知道他的毕业证书在那堆堆积如山的卷纸里，为了得到这个毕业证书，他花了他父母 12 万美元。

从某种意义上说，那张毕业证书花费了爱德华多很大的心思。

“万名哈佛学子……”

音乐声从爱德华多左侧传来。他不敢相信真的有人能记住大学校歌的歌词。好吧，真有人能记住。不管是谁，那个哼唱的人居然把大部分的调子都哼出来了。爱德华多其实也知道歌词，他大一的时候是行进乐队的一员，在哈佛与耶鲁的比赛上唱过这首歌。爱德华多当时喜欢《哈佛深红报》，对自己成为哈佛的一员，成为哈佛历史上的一员感到自豪。爱德华多感到自豪，他的爸爸也感到自豪，因为中学时期所有的努力都得到了回报。那条艰难的路（学习一种新语言，适应一种新文化）把他带到了这个地方，这个历史悠久的建筑所拥抱着的美丽校园。爱德华多知道这首歌，因为这是属于他的时刻，与他肩并肩一起站在这里的人都有这种感觉。他值得拥有每分每秒。

万名哈佛学子在今日期待成功，

因为他们知道与耶鲁人对抗时，

公平是哈佛的主流。

因为我们将征服那帮人，

当比赛结束时，我们将再次歌唱：

今天，万名哈佛学子获胜了！

爱德华多的注意力又移回舞台，萨默斯站在讲台后面，差不多已经准备好了，他那宽宽的脸离麦克风仅有几英寸远。爱德华多知道还需要等一会儿他的名字才会被念到，他也知道校长念他名字的时候很有可能会把他的名字念错。要么会把发音字母“O”漏掉，要么会把姓氏的第二个音节念成重音。校长经常这样，但爱德华多并不介意。他将阔步走到那儿去领取毕业证书，因为他值得拥有它。世界就应该是这样的，这样才公平。

就在麦克风响起，校长念第一个名字的时候，爱德华多身后闪了一下光，一台高功率的相机正在拍摄第一个走上舞台的大四学生。

爱德华多不由自主地想，那张照片是否有一天会出现在某个人Facebook 的个人简介里，他确信这件事情早晚会发生。

然而在第二天，爱德华多脸上的笑容几乎消失了。

凌晨两点。

18 个小时之后。

爱德华多把手插在运动衣的口袋里，满脑子都是昨天和家人待在一起的场景，外面炎热的天气以及那半瓶最贵的苏格兰威士忌。爱德华多坐在凤凰社三楼的皮沙发上，看着一群不认识的金发美女围着一张咖啡桌跳舞，桌子上的酒瓶堆得很高，看起来就像一个小型的玻璃都市一样，在月夜中闪闪发光。

楼下的派对还在热闹地进行着。这个三层楼的建筑都在随着一楼舞池的音乐颤抖。音乐是嘻哈乐和音乐榜单排名前 40 的歌曲。爱德华多能够想象出一大群孩子重重地踩在硬木地板上，吸入外面篝火冒出的烟雾，他们的身子随着节拍摇摆，这座有 200 年历史的建筑里扬起了灰尘。他还能想象出所有漂亮的女孩——她们当中很多人都还是联谊巴士的新人，以及所有心里充满渴望的年轻的凤凰社成员都在寻找着某种特殊的联系。那是个值得铭记的夜晚，也是个永久的时刻。

三楼要安静些。除了在跳舞的金发美女外，这个地方好像是豪华的贵宾房间。房间的装饰也很高级：高档的深红色地毯，原木色调的墙壁和天花板，皮沙发，摆满了昂贵的名酒的桌子。三楼的会客室是有限制的，只允许上流社会的人进入。

爱德华多从加利福尼亚回来之后，自从那个被他称为“马克的背叛”的时刻开始，他很多的时光都是在这个房间里度过的。他坐在这张沙发上沉思，计划着自己的未来。

大学生涯现在已经结束了，爱德华多即将走出哈佛这个安全的小世界。他还不知道自己会去哪里，也许是波士顿，也许是纽约，但他知道自己已经不再是个孩子了，他也不再觉得自己是个孩子。

一方面，爱德华多已经进入法律程序，试着拿回他觉得本该属于他的东西。他已经聘请了律师，发出了信件，把他的意图明确地传达给马克和 Facebook 团队，他打算起诉他们。爱德华多讨厌在法庭上当着法官和陪审团的面质问他的“朋友”，但他知道除此之外别无他法，这不再是马克和他两个人之间的事情。

爱德华多坐在那张皮沙发上，心里在想马克会不会对这一切感到些许后悔。

他苦笑了一下，意识到马克也许不会后悔。马克也许都不觉得自己做错了什么事情。从马克的角度来看，他只不过是做了对公司而言有必要的事情。

毕竟从一开始，创建 Facebook 就是马克的主意，他是那个倾力为公司奉献的人，从宿舍一步步将其发展为一家公司。马克编写了代码，让网站上线，来到加利福尼亚，暂停了学业，找到了资金。对马克而言，网站从第一天开始就是马克 · 扎克伯格的作品，其他人都只不过是附加——文克莱沃斯兄弟，爱德华多，甚至还有肖恩 · 帕克。

其实，从马克的角度看，也许是爱德华多做出了不当的行为，背叛了他们的友谊。马克觉得，爱德华多试图通过冻结银行账户来损害公司的利益。同时，他还试图以公司商业主管的头衔阻止公司获得风险投资资金。爱德华多甚至还做了其他可能有损 Facebook 利益的事情，比如另外建立了一个叫作 Joboozle 的网站，并使用了 Facebook 潜在广告商的数据库，马克将该数据库视为 Facebook 的商业机密。根据爱德华多的所作所为，马克有足够的理由将他视为有过错的一方。

然而，爱德华多不那样认为，他完全认为自己从一开始就和 Facebook 在一起，自己为 Facebook 的成功做出了必不可少的贡献。爱德华多提供了初始资金，也花费了时间，因此他值得拥有他们最开始所承认的那些东西，仅此而已。

对于其中一件事情，爱德华多同意马克的观点——那与友谊无关。那是生意，只是生意。

爱德华多可以去追寻他认为自己应该拥有的东西。他把马克带上了法庭，让马克对自己的行为做出解释，并让他做出公正的事。

爱德华多看着那些女孩随着音乐起舞，她们的金发飘逸，形成一个金色的旋涡，他在想马克是否还记得这一切是如何开始的。他和马克本想试着做点特别的事情，从而引起别人的注意——真的，就是想通过网站谈恋爱。他在想马克是否意识到事情已经变了。

或许马克从来没有真正改变过，或许爱德华多从一开始就误会了他。爱德华多就像文克莱沃斯兄弟一样，在那张空白的纸上表达出了自己的想法，说出了自己最想看到的结果是什么。

也许爱德华多从未真正了解马克·扎克伯格。

其实，爱德华多也不知道马克·扎克伯格是否了解他自己。

那肖恩·帕克呢？他或许也认为自己了解马克·扎克伯格，但爱德华多敢肯定他们之间的合作也不会长久。

在爱德华多看来，肖恩·帕克就像一颗紧张的小彗星，飞快地穿过大气层。他已经在两家初创公司中受到伤害。现在的问题不在于他是否会在 Facebook 中受到伤害，而在于伤害会发生在什么时候。

第 32 章　总裁被捕

很奇怪，似乎没有人听到警笛声。

这一刻，一切安好。派对真的很欢乐，这座郊区的房子里到处都是长相漂亮、心情愉悦的人。本科女孩和研究生男孩，都市潮人和时髦的年轻人，背着背包戴着棒球帽的孩子和身穿紧身牛仔裤的人与身穿有领衬衫的专业人士混杂在一起。这个地方给人一种大都市夜总会的感觉，但它处于一个易于管理的大学环境之中，有点像是为那些不了解联谊会的孩子举办的一场联谊会派对。在这里，到处都是烈性酒，音乐撞击在木地板上，撞在光秃秃的石膏墙上。

可是，突然间，情况急转直下。

先是一阵尖叫，然后前门被撞开了。手电筒的亮光划过昏暗、拥挤的舞池，投射在石膏墙上，就像是 UFO（不明飞行物）在袭击一片贫瘠的平原。然后一群人一拥而入，就像盖世太保[①]一样。他们叫着、吼着，挤在一起，挥舞着那些像激光剑一样的手电筒。

他们身着蓝色制服，手里拿着警棍，衣服上佩戴着警徽，甚至带着一些手铐。人们不能直接看到手枪，但能清楚地看到手枪皮套，厚实的深色皮套中塞着冷酷的金属制品。

不管他们是不是警察，这个派对已经结束了。

肖恩·帕克的第一感觉是某人弄错了。这只不过是个派对，就在大学校园的外面。这完全没有什么危害性。肖恩是和 Facebook 的一个本科生员工一起去那里的，那个员工是个单纯天真的漂亮女孩，肖恩把她当作朋友。这只不过是一个派对，这样的派对肖恩之前去过上千次呢。这种派对完全没有什么危害性，没人会做出格的事情。

也许是因为房子里有酒，也有可能是音乐有点儿吵，当然，还有可能是有些孩子弄了点可卡因，抽了几口。肖恩并不清楚，自从他来到这座房子，他就没怎么去过洗手间，一直待在舞池里。除了裤子口袋里的吸入器和放在衬衫里的肾上腺素注射器，肖恩像主教一样干净。因为肖恩的慢性哮喘病和该死的过敏症需要这两样东西。

谁会在意这些呢？这是一个派对，派对上有很多大学生。难道

---

① 盖世太保，德语“国家秘密警察（Geheime Staats Polizei）”的缩写。——编者注

大学生不应该体验这种生活吗？

变革？

自由？

鉴于派对的地点，警察难道不该宽容一点吗？

然而，从这些警察的脸上，人们根本看不出任何宽容之意，毫无疑问，他们就是来砸场子的。

然后，肖恩逐渐明白，也许这并非是他运气不好，在错误的时间来到错误的地点，而是因为他是肖恩·帕克；也许这不是因为派对的声音太大了，而是因为他再次成了靶子。

Facebook 不再是宿舍里的小公司，肖恩自己已经意识到了这一点。它现在是一家价值 10 亿美元的大公司。肖恩和马克也不再是两个摆弄电脑程序的孩子了，他们共同运营着这个公司，他们两个也都不想出售这家公司，因为他们都相信某天公司的价值会远远超出 10 亿美元。

公司在过去几个月里的增长简直是个奇迹。在肖恩看来，Facebook 真的具有变革能力，它集聚了许多奇思妙想，人们都希望参与到这个成功的网络中。

首先，最近发明的最具变革性的应用当属图片共享应用程序，Facebook 能为你提供一个平台，让你分享和浏览与你社交生活相关的图片。它真正将现实生活数字化：你去参加派对时不只是去参加派对，你去参加派对的时候会带着数码相机，这样你和你的朋友可以在凌晨两点或在第二天通过 Facebook 再现这个派对。你还可以在那些图片中为你想要标注的人添加标签，这样他们就能通过标签找到自己，看到谁去过那里，并以数字化的形式了解你的社交网络，这真是个天才的创意。这个创意吸引了一大群用户，现在用户人数可能已经达到 800 万或 1 000 万了。天哪，Facebook 发展得太快了。

这还没完：下一个变革性的举措将是新闻动态。肖恩和马克各自在考虑这个主意。新闻动态将持续更新社交网络中人们的消息，人们可以通过 Facebook 的页面更加紧密地联系在一起。数字日志可以记录个人资料中的变化，并能立即将其播报给他所有的朋友。当这个程序完成时，它将成为达斯廷和马克完成的一项伟大的尖端电脑工程。这项工程相当复杂，是一种广播渠道，仅限持续更新的朋友圈使用。肖恩花了几个小时的时间观察人们登录 Facebook 账号之后都在做什么，观察他们如何不断查看朋友圈的状态更新，查看哪个朋友改了资料、换了照片，然后就有了个想法。想出新闻动态这个主意的那一刻真令人激动。如果有办法能让这些信息自动生成就再好不过了，肖恩认为这个功能和图片共享及标签功能一样，能给 Facebook 的用户带来更好的体验。

它们不仅是应用程序，还是里程碑，将一个宿舍想法变成了一个能改变人们生活且价值 10 亿美元的公司。Facebook 超越了最成功的社交网络，在互联网上建立起最庞大的、最成功的照片共享网站。除此之外，马克还发明了新闻动态这样的功能。

Facebook 将成为网络世界的领头羊，肖恩对此有信心。在不久的将来，Facebook 将向大众开放，这是下一步伟大的变革，也是下一个里程碑，然后网站将走向国际化。在那之后，所有事物都会对 Facebook 敞开大门。肖恩指的不是 Friendster 和聚友网，他指的是谷歌和微软。

Facebook 将变得和这两个大公司一样强大。

随着公司发展壮大，肖恩·帕克比任何人都清楚随之而来的会是什么。人们将会有不同的举动，友谊会分崩瓦解，问题也会产生，有时这些事莫名其妙地就发生了。

也许，只是也许，随着 Facebook 发展壮大，随着资金涌入，随着风险投资公司开始考虑向 Facebook 投资几十亿美元，有人可能觉得公司不再需要肖恩·帕克了。

这样的事情此前已经发生过两次，真的还会再一次发生吗？

或者说肖恩只是多虑了？也许事情根本就没他想的那么复杂。那只是一个被搞砸了的派对，他正好就身在其中。

倒霉。

时机不对。

肖恩被逮捕了，他的下一个想法是他必须要打个电话。投机如猛兽，比一根木棍或一副手铐的危害大得多。不管肖恩是否无辜，对一个具有变革性、能改变世界且价值 10 亿美元的公司总裁来说，在一个家庭派对上和一名本科生员工一起被捕，多少有些丢脸。肖恩觉得自己不会蹲监狱，但他敢肯定：

不管他是否无辜，不管他是被陷害的，还是运气不好，马克·扎克伯格都会很生气。

第 33 章　了不起的 CEO

在肖恩被捕的那天晚上，甚至也有可能是在第二天，马克·扎克伯格接到了一个电话——电话可能是公司律师打来的，也可能是肖恩自己打来的。马克当时很有可能待在Facebook公司的办公室里，因为他总是待在办公室里。我们可以想象马克独自待在那儿的情形，他的脸被他面前桌子上放置的电脑屏幕发出的蓝光照亮。电话可能是午夜或凌晨打来的，马克对时间一直没有什么概念，时间只不过是指针在钟表里转动，不具有现实意义，没有什么要求，也没什么内在价值。但信息很重要，马克刚刚得到的信息就必须被快速处理，而且效率要高。

肖恩·帕克是一个天才，Facebook能发展到今天，他起到了很大的作用。他是马克的偶像，永远都是他的导师、顾问，甚至是朋友。

我们可以想象马克在听说了那个被警察搞砸了的家庭派对的消息之后，他心里会做何感想：肖恩·帕克必须要离开。

尽管肖恩不会因为他的所作所为而被审判或起诉，但不管是出于什么原因，有人认为在目前情况下，肖恩会危害到 Facebook。那些诋毁肖恩的人觉得他比较任性，捉摸不透，人们总是不能理解他，还有些人觉得他的能量大得惊人，但这次不一样，这次是黑与白的问题。不管这件事情为什么会发生，不管是因为运气不好或其他原因，结果跟数据的输入和输出一样清楚。

肖恩·帕克必须离开。

就像爱德华多、文克莱沃斯兄弟以及其他任何成为威胁的事物一样，不管其意图是什么，都必须被处理，因为最终只有 Facebook 这一件事情是重要的。它是马克·扎克伯格的作品，是他的宝贝，也成了他人生的核心。也许一开始，马克只是觉得创建网站很有趣，是另一个游戏或玩具，就像他在中学时建立的程序一样，或像 Facemash 一样，而 Facemash 差点儿让他被哈佛赶出去。

现在，我们可以猜测到，Facebook 是马克的世界中最爱的事物的延伸。马克的偶像比尔·盖茨通过其开创性的软件产品解放了人类，在个人电脑领域做出了贡献，Facebook 就像它一样，真的是一场变革——它改变了世界，建立了一个通过社交网络自由交换信息的平台，以一种前所未有的形式让世界数字化。

马克不会让任何人、任何事阻碍 Facebook 的发展。

马克·扎克伯格的商业名片最能反映他的形象：简单而优雅。他的名片中央只印了一句话，那句话是他自己创造的，他现在可能坐在电脑前，脸被屏幕的光照亮，随身携带着印出来的商业名片。

从某种意义上来说，名片只不过代表了马克·扎克伯格式的幽默。但从另一种意义上说，名片并非只是个玩笑，它也有真实的一面。不管别人怎么认为，不管别人试图做什么，那张名片背后的情感永远都是真实的。

一定是真实的。

我们可以想象马克正大声阅读着名片上的字，微微笑意在他平静的脸庞上荡漾。

“我是 CEO。”

第 34 章　关系破裂

如往常的夜晚一样。

爱德华多不能确定他所在俱乐部的名称，甚至都不清楚他是怎么到那里的。他只知道俱乐部在纽约的一个肉类加工区附近。爱德华多知道他坐过一辆出租车，还至少和两个大学校友待在一起，他们在路上还碰到过一个女孩。天哪，似乎总有个女孩参与进来，难道不是吗？爱德华多敢肯定她身材火辣，很可能是个亚裔女孩，她也许吻过他。

在出租车驶向俱乐部的路上，那个女孩消失了，现在只剩爱德华多一个人了。他瘫在一张蓝色的皮沙发上，盯着自己映在苏格兰威士忌酒杯上的影子，看着自己的面容随着杯内冰块的融化而消失，就像奇幻屋镜子里的图像一样，可能也像名画家萨尔瓦多·达利的某幅绘画作品。

爱德华多独自一人，他有点儿喝醉了，但醉得没那么厉害。酒精的度数并没有标注的那么高，那些乱七八糟的烦心事让他看起来很疲惫。首先是他睡眠不足。爱德华多已经连续三周没在 4 点之前入睡了，他在忙着新公司的事务，包括医疗、社交网络等。法律诉讼也占用了他很多时间，影响了他的社交生活。他在波士顿、纽约以及加利福尼亚之间来回奔波，此外还参加凤凰社的活动。没人介意爱德华多的年龄比俱乐部里其他人的要大，因为他们仍是兄弟，他们永远是兄弟，而且凤凰社的每个人仍然知道他是谁，他做了什么事。很多世人从没听说过爱德华多，他们只把 Facebook 跟一个名字、一个天才少年联系在一起。

爱德华多是真的累了。几周以来，他几乎都没睡过觉。他背靠在沙发上，盯着那个苏格兰威士忌酒杯——此时，他忽然想起来一件事。

那个晚上和今晚有些相似，那次，爱德华多又说了不该说的话。那是 2004 年的夏天，他当时待在纽约，但他不记得具体是几月几日了，事情发生在他冻结那个银行账户之后。回想起来，事情应该发生在他和马克通了那些电话以后，那是结局的先兆，裂缝终于变成了骨折。爱德华多当时很生气，也受到了伤害，所以他就出去喝酒了，就像今晚一样，而且也是在一个俱乐部打发时间，就像在这个俱乐部一样。

那天晚上，爱德华多正在舞池追逐某个女孩，他朝俱乐部的四周看了一眼，注意到有个人站在边上，朝他这边看。

爱德华多立即认出了那个人。那个人身材高大、肌肉发达，是一个长着明星脸、有着奥运健将体格的运动员。爱德华多在校园里多次看到他跟他的双胞胎兄弟在一起。事实上，爱德华多甚至都不知道自己看到的是文克莱沃斯兄弟中的哪一个人，但肯定是其中一人，就站在他的正前方。在这个无名的纽约俱乐部里，他们之间的距离不超过 10 英尺。

就在那时，爱德华多任由情绪和酒精战胜自己的理智。也许在他内心深处，他对他和马克之间即将发生的事情有着某种预感。也许他只是喝醉了。

不管是出于什么原因，爱德华多径直朝文克莱沃斯走去并伸出自己的手。

文克莱沃斯吃惊地看着爱德华多，爱德华多脱口而出："对不起，打扰了。马克·扎克伯格像糊弄你们一样糊弄了我。"

除此之外，爱德华多没多说一句话，他转身就走了，消失在舞池之中。

后 记

肖恩·帕克

离开Facebook后，肖恩·帕克仍是硅谷一位极具影响力的人物。他成了创始人基金的一名执行合伙人。该基金是一家风险投资公司，由彼得·蒂尔创立，主要专注于与蒂尔在Facebook成立初期投入50万美元类似的交易。肖恩还创立了另一家公司，公司的名字很神秘，叫作“阿加佩项目”，也是一个社交网络，目的是在互联网上协助组织大型政治活动。

泰勒·文克莱沃斯和卡梅伦·文克莱沃斯

自2004年年末，泰勒·文克莱沃斯和卡梅伦·文克莱沃斯就一直在顽强地与马克·扎克伯格及Facebook打官司，他们最后终于在一个夏天达成和解。虽然法官要求对和解的内容保密，但代表文克莱沃斯兄弟以及 ConnectU 的律师事务所透露了相关和解条款内容，据说赔偿款接近 6 500 万美元。虽然金额不菲，但一些迹象表明泰勒和卡梅伦对和解的结果还是不太满意，他们与马克及 Facebook 之间的斗争有可能尚未结束。此外，令人欣喜的是，泰勒和卡梅伦真的成为美国奥运赛艇队的成员并共同征战了 2008 年北京奥运会，在男子双人划艇比赛中名列第六。

爱德华多 · 萨瓦林

爱德华多 · 萨瓦林继续在波士顿和纽约两地奔波着，并且仍然时常会去凤凰社楼上神圣的房间。有关他与马克 · 扎克伯格及 Facebook 之间的官司细节依旧不为人知。2007 年 1 月，爱德华多的名字和“联合创始人”的称谓突然再次出现在了 Facebook 的网站上，他的身影再次被载入公司历史。这项进展可以被认为是爱德华多在 Facebook 创立过程中所做的努力得到了认可。除了法律问题之外，爱德华多和马克之间是否能恢复他们的友谊还有待时日。

马克 · 扎克伯格

就 Facebook 本身而言，在 2007 年 10 月，微软与谷歌之间打响了短暂而高调的投标战，最后微软以 2.4 亿美元购入 Facebook 1.6% 的股份，使 Facebook 的估价超过 150 亿美元——为其 1.5 亿美元年收入的 100 倍。此后，就像经济本身的行情一样，Facebook

在整体估价上略有下降，但其收入仍在增长。不论这两个数字之间真正的关联性如何，Facebook 保持了其惊人的增长速度。到 2007 年年底，Facebook 的会员人数突破了 2 亿大关。而且，据报道，公司每周的新增会员人数约为 500 万。虽然其中包含一些失误，比如侵犯用户内容所有权、出于广告目的严重滥用用户“隐私信息”，但这些问题根本没有减缓社交变革的步伐。今后，Facebook 将继续提升人们的生活质量。马克 · 扎克伯格在宿舍里创造出来的作品已经演变为互联网行业最具影响力的公司之一。虽然不清楚马克现在的身价具体涨到多少，但他仍然是全世界最富有，也是最年轻的白手起家的亿万富翁。

致　谢

这本书的开始完全是个意外，这一切都源于我在凌晨两点收到的一封电子邮件。我很感激威尔·麦克马伦帮我迈出了第一步，他尽其所能地向我介绍这个故事。我还要感谢达里科·彭杰利、陪审团主席阿拉斯代尔·麦克莱恩–福尔曼、哈佛的每个朋友以及凤凰社，他们在我探究那些常春藤大门后面世界的过程中，向我提供了帮助。

非常感谢我优秀的编辑比尔·托马斯以及他在兰登书屋的整个团队。我还要感谢特别代理人埃里克·西蒙诺夫和马修·斯奈德。感谢我的好莱坞兄弟达纳·布鲁内蒂、凯文·斯佩西、迈克·德卢卡、斯科特·鲁丁和阿伦·索金，他们通过各种方式为本书提供了帮助。我还要感谢尼尔·罗伯逊和奥利弗·罗佩，他们在我了解硅谷世界的过程中为我提供了有力的帮助。同时，十分感谢巴里·罗森堡，他毫无保留地为大家提供了帮助和支持。